TIANJIN
Internet Finance Industry Report

天津市互联网金融发展报告

2020

天津市互联网金融协会 ◎ 编著

中国金融出版社

责任编辑：亓　霞
责任校对：潘　洁
责任印制：张也男

图书在版编目（CIP）数据

天津市互联网金融发展报告.2020/天津市互联网金融协会编著.—北京：中国金融出版社，2020.12

ISBN 978-7-5220-0966-7

Ⅰ.①天… Ⅱ.①天… Ⅲ.①互联网—金融—研究—报告—天津—2020 Ⅳ.①F832.29

中国版本图书馆CIP数据核字（2020）第262532号

天津市互联网金融发展报告2020
TIANJIN SHI HULIANWANG JINRONG FAZHAN BAOGAO 2020

出版
发行　中国金融出版社
社址　北京市丰台区益泽路2号
市场开发部　（010）63266347，63805472，63439533（传真）
网 上 书 店　http://www.chinafph.com
　　　　　　（010）63286832，63365686（传真）
读者服务部　（010）66070833，62568380
邮编　100071
经销　新华书店
印刷　北京侨友印刷有限公司
尺寸　169毫米×239毫米
印张　16.5
字数　212千
版次　2020年12月第1版
印次　2020年12月第1次印刷
定价　60.00元
ISBN 978-7-5220-0966-7
如出现印装错误本社负责调换　联系电话（010）63263947

本书编委会

主 任 委 员：李文茂

副主任委员（以姓氏笔画为序）：
　　　　　王永勤　田陈圣　刘书钢　李书海
　　　　　赵武霞　郭 巍　高 勒　符宏明

委　　　员（以姓氏笔画为序）：
　　　　　王 禹　王 兰　王 佳　冯 欣
　　　　　肖琳璐　李衍陶　张 怡　张少琛
　　　　　张存友　杨晓彤　贾 淯　崔英剑
　　　　　阎志国　焦 鸿

统　　　稿：崔英剑　肖琳璐

序 言

互联网金融是金融与科技深度融合的创新性金融业态。近年来,随着云计算、大数据、区块链、人工智能、量子通信等新兴技术的逐步成熟,互联网金融也迎来了发展的黄金时期,其在深化金融改革、推动金融创新、弥补传统金融短板、提升金融服务质效、构建多层次金融体系方面发挥了巨大作用。

天津是我国北方首个自由贸易试验区、京津冀协同发展金融创新运营示范区,也是全国为数不多的金融全牌照城市之一,良好的政策环境和基础设施为互联网金融发展提供了广阔的空间。天津市互联网金融行业虽然起步较晚、规模不大,但近年来发展势头非常迅猛,已经具备了较为完备的业务门类,在合规运营和服务民生方面也积极履行着自身的社会责任。

真正意义上的互联网金融从产生至今不过十余年的时间,其间各细分业态的组织形式、运营模式等都在不断发展变化,目前尚无一套规范、完整、准确的全业态统计标准。互联网金融数据散见于各金融监管部门和第三方机构发布的相关报告之中,部分业态发展情况只能以典型调查和抽样调查数据为准。

天津市互联网金融协会自2016年12月29日成立以来,一直在为行业数据信息的统计采集工作作出努力。2018年初,协会在金融监管部门的支持下组织成立了《天津市互联网金融发展报告》编委会,着手启动《天津市互联网金融发展报告》的编制工作,该报告将以年度报告的形式呈现给各位读者。

《天津市互联网金融发展报告》汇集了天津市各金融监管机构及众多互联网金融从业机构的相关统计数据，系统分析了各年度天津市互联网金融行业的发展概况、存在的问题及未来发展趋势，并整理汇编了从业机构在推进普惠金融发展、开展金融服务创新方面的典型做法，具有较强的纪实性、区域性和专业性，可为政府、监管部门、从业机构、专业人士研究和了解天津市互联网金融提供有价值的参考信息。

　　本报告的编制得到了天津市金融工作局、人民银行天津分行、天津银保监局、天津证监局及各会员单位的大力支持，在此，我谨代表天津市互联网金融协会向为本报告提供帮助的各位领导、专家表示感谢！

　　此外，由于编者水平有限，编排中难免会有疏漏，期望广大读者给予批评指正。

天津市互联网金融协会会长

2020年7月

目 录

第一部分 天津市互联网金融发展情况及展望

第一章 天津市互联网金融发展概况 ······ 003

第一节 概念解读 ······ 004

第二节 天津市互联网金融发展环境 ······ 009

第三节 天津市互联网金融发展总体情况 ······ 029

第四节 天津市互联网金融的发展趋势与展望 ······ 031

第二章 互联网支付 ······ 035

第一节 天津市互联网支付发展情况 ······ 036

第二节 天津市互联网支付面临的主要问题和挑战 ······ 040

第三节 天津市互联网支付的发展趋势与展望 ······ 042

第三章 P2P网络借贷 ······ 047

第一节 天津市P2P网络借贷专项整治情况 ······ 048

第二节 天津市P2P网络借贷发展情况 ······ 050

第三节　天津市P2P网络借贷面临的主要问题与挑战 ……… 056

第四节　天津市P2P网络借贷的发展建议 …………………… 059

第四章　互联网直销银行 ……………………………………… 061

第一节　天津市互联网直销银行发展情况 ………………… 062

第二节　天津市互联网直销银行面临的主要问题与挑战 … 067

第三节　天津市互联网直销银行的发展趋势与展望 ……… 069

第五章　互联网证券 ……………………………………………… 071

第一节　天津市互联网证券发展情况 ………………………… 072

第二节　天津市互联网证券面临的主要问题与挑战 ……… 074

第三节　天津市互联网证券的发展趋势与展望 …………… 075

第六章　互联网基金销售 ……………………………………… 077

第一节　天津市互联网基金销售发展情况 ………………… 078

第二节　天津市互联网基金销售面临的主要问题与挑战 … 081

第三节　天津市互联网基金销售的发展趋势与展望 ……… 082

第七章　互联网消费金融 ……………………………………… 085

第一节　天津市互联网消费金融基本情况 ………………… 086

第二节　从典型案例看天津市互联网消费金融发展情况 … 088

第三节　天津市互联网消费金融面临的主要问题与挑战 … 090

第四节　天津市互联网消费金融的发展趋势与展望 ……… 091

第二部分　互联网金融研究与实践

关于加强支付结算管理、防范电信网络新型违法犯罪的思考 … 095

分布式账本技术在金融资产交易领域中的实践应用浅析 ··· 102
数字经济时代移动支付在场景金融建设中的作用 ············ 108
信托公司消费金融业务研究 ·································· 114
金融科技助力信托公司数字化转型研究 ····················· 120
挖掘信托优势　服务实体经济 ································ 125
滴灌金融活水　践行普惠初心 ································ 130
以金融消费者权益为中心　扎实推进金融知识普及工作 ··· 132
金融科技助推普惠金融创新发展 ······························ 137

专题

天津市金融科技业务创新优秀案例 ···························· 145
天津市互联网金融举报信息平台 ······························ 189

附件

附件1　天津市金融运行报告（2020年）······················ 197
附件2　金融科技（FinTech）发展规划（2019—2021年）··· 235

TIANJIN
INTERNET FINANCE INDUSTY REPORT 2020

第一部分
天津市互联网金融发展情况及展望

第一章
天津市互联网金融发展概况

- 概念解读
- 天津市互联网金融发展环境
- 天津市互联网金融发展总体情况
- 天津市互联网金融的发展趋势与展望

第一节 概念解读

一、互联网金融的概念

2015年7月,中国人民银行、工业和信息化部、公安部、财政部、国家工商总局、国务院法制办、中国银监会、中国证监会、中国保监会、国家互联网信息办公室联合印发《关于促进互联网金融健康发展的指导意见》(银发〔2015〕221号,以下简称《指导意见》),首次明确了互联网金融的概念。

《指导意见》指出,互联网金融是传统金融机构与互联网企业利用互联网技术和信息通信技术实现资金融通、支付、投资和信息中介服务的新型金融业务模式。

二、互联网金融的主要业态

按照《指导意见》的表述,互联网金融主要包括互联网支付、网络借贷、互联网直销银行、互联网证券、互联网基金销售、股权众筹融资、互联网保险、互联网信托和互联网消费金融等业态。

(一)互联网支付

银行及持有支付业务许可证的非银行支付机构提供的通过计算机、手机等设备,依托互联网发起支付指令、转移货币资金的服务。互联网支付业务由中国人民银行负责监管。

(二)网络借贷

网络借贷包括个体网络借贷(P2P网络借贷)和网络小额贷款。个体网络借贷是指个体和个体之间通过互联网平台实现的直接借贷，平台主要为借贷双方的直接借贷提供信息服务，不代替客户承诺保本保息，不发放贷款。网络小额贷款是指互联网企业通过其控制的小额贷款公司，利用互联网向客户提供的小额贷款。网络借贷业务由中国银保监会负责监管。

（三）互联网直销银行

互联网直销银行是指持有金融许可证的商业银行内部设立的，由民营企业发起设立的，或者独立法人形式的，通过互联网渠道提供银行产品和服务的新型银行运作模式。互联网直销银行业务由中国银保监会负责监管。

（四）互联网证券

互联网证券是指持有经营证券业务许可证的机构通过互联网平台开展的证券经纪、证券投资咨询等业务。互联网证券业务由中国证监会负责监管。

（五）互联网基金销售

互联网基金销售是指持有基金销售业务资格证书的基金销售机构与其他机构通过互联网合作销售基金等理财产品。互联网基金销售业务由中国证监会负责监管。

（六）股权众筹融资

股权众筹融资主要是指通过互联网形式进行公开小额股权融资的活动，具体而言，是指创新创业者或小微企业通过股权众筹融资中介机构互联网平台公开募集股本的活动。未经国务院证券监督管理机构批准，任何单位和个人不得开展股权众筹融资活动。目前，股权融资试点尚未启动，试点办法的制定工作正在持续推进。一些市场机构开展的冠以"股权众筹"名义的活动，是通过互联网形式进行的非公开股权融资或私募股权投资基金募集行为，不属于本定义中的股权众筹融资范围。股权众筹融资业务由中国证监会负责监管。

（七）互联网保险

互联网保险是指经保险监督管理机构批准设立，并依法登记注册的保险公司和保险专业中介机构依托互联网和移动通信技术，通过自营网络平台、第三方网络平台等订立保险合同、提供保险服务的业务。互联网保险业务由中国银保监会负责监管。

（八）互联网信托

互联网信托是指持有金融许可证的信托公司通过互联网平台开展的信用委托业务。互联网信托业务由中国银保监会负责监管。

（九）互联网消费金融

互联网消费金融是指商业银行、持有金融许可证的消费金融公司等机构以互联网技术为手段，向各阶层消费者提供的消费金融服务。互联网消费金融业务由中国银保监会负责监管。

（十）其他互联网金融业态

其他利用互联网和信息通信技术提供金融服务的业务模式。

三、互联网金融的发展历程

（一）萌芽阶段（1997—2006年）

该阶段以网上银行、网上证券的诞生为主要标志。在这一阶段，互联网主要被视为金融机构提供金融服务的技术手段，还没有形成真正的互联网金融业态。

（二）起步阶段（2007—2011年）

该阶段以第三方支付的快速发展及P2P网络借贷、互联网股权众筹平台、网络小贷、互联网基金销售的出现为主要标志。这一阶段，互联网金融开始作为独立的业态出现，但总体发展速度不快。

（三）快速成长阶段（2012—2014年）

该阶段以传统金融机构和互联网企业加速布局互联网金融为主要标志。在这一阶段，互联网金融从业机构数量、业务总量、客户规模实现爆发式增长，不同业态的分化特征日益明显。

（四）规范阶段（2015年至今）

该阶段以人民银行等十部委联合印发的《指导意见》及国务院办公厅发布的《关于印发互联网金融风险专项整治工作实施方案的通知》（国办发〔2016〕21号）为主要标志。在这一阶段，互联网金融监管格局逐步确立，互联网金融发展逐步纳入规范化轨道。

中国互联网金融大事记见表1-1。

表1-1　　　　　　　中国互联网金融大事记

时间	事件
1997年	招商银行率先推出网上银行
2004年	全球最大的第三方支付平台支付宝成立
2007年	中国第一家P2P网络借贷平台上线运营
2010年	浙江阿里巴巴小额贷款有限公司成立，网络小额贷款的形式开始出现
2011年	股权众筹模式进入中国
2011年	首批第三方支付牌照发放
2012年	首批独立基金销售机构获得第三方基金销售牌照
2013年	北京银行首推直销银行
2013年	国内出现第一例股权众筹案例
2013年	全国首家互联网保险公司获批筹建

续表

时间	事件
2015年	首批8家个人征信试点机构获准筹备运营
	人民银行等十部委联合印发《指导意见》
2016年	国务院办公厅发布《关于印发互联网金融风险专项整治工作实施方案的通知》，互联网风险专项整治工作正式启动
	中国互联网金融协会及地方互联网金融自律组织相继成立
2017年	非银行支付机构网络支付清算平台上线运行
2018年	首家拥有个人征信业务牌照的市场化个人征信机构成立
2019年	《金融科技（FinTech）发展规划（2019-2021年）》出台；金融科技应用试点启动

四、互联网金融相关行政许可

按照国家相关监管政策要求，我国需要审批和备案的金融业务资质有三十多种，包括银行、证券、保险、信托、金融租赁、期货、基金、基金子公司、基金销售、第三方支付、小额贷款、典当等，互联网金融机构应按照其从事的金融业务获取相应的行政许可（见表1-2）。

表1-2　　　　　　　互联网金融相关行政许可

业态	行政许可	审批机关	法律依据
互联网支付	支付业务许可证	中国人民银行	《非金融机构支付服务管理办法》
网络小额贷款	网络小额贷款牌照（目前暂停批设）	地方监管部门	《关于小额贷款公司试点的指导意见》及地方监管部门有关规定
P2P网络借贷	备案尚未开始	地方监管部门	《网络借贷信息中介机构备案登记管理指引》及地方监管部门有关规定
互联网直销银行	银行牌照（金融许可证）	中国银保监会	《中华人民共和国商业银行法》《中资商业银行行政许可事项实施办法》

续表

业态	行政许可	审批机关	法律依据
互联网证券	经营证券业务许可证	中国证监会	《中华人民共和国证券法》《证券公司监督管理条例》
互联网基金销售	基金销售业务资格证书	中国证监会地方派出机构	《证券投资资金销售管理办法》
互联网保险	经营保险业务许可证	中国银保监会	《中华人民共和国保险法》
互联网信托	信托牌照（金融许可证）	中国银保监会	《信托公司管理办法》《非银行金融机构行政许可事项实施办法》
互联网消费金融	消费金融牌照[①]（金融许可证）	中国银保监会	《消费金融公司试点管理办法》

第二节 天津市互联网金融发展环境

一、互联网金融监管持续加强

2019年，深化整治乱象、防范化解风险仍是互联网金融监管工作的重点。主要政策措施如下：

2018年12月19日，互联网金融风险专项整治工作小组办公室（以下简称互联网金融整治办）、P2P网络借贷风险专项整治工作领导小组办公室（以下简称P2P网贷整治办）联合下发了《关于做好网贷机构分类处置和风险防范工作的意见》（整治办函〔2018〕175号），对P2P网络借贷分类处置和风险防范工作进行详细部署，明确

---

① 仅适用于消费金融公司，不包括从事消费金融业务的商业银行、电商平台等。

以"机构退出"为主要工作方向。自2018年底开始，各地P2P网络借贷机构处置细则陆续出台。截至2019年底，已有20余个省市对外公示了辖内P2P网络借贷机构清退名单，其中8个省市宣布取缔辖区内所有P2P网络借贷平台。

2019年3月25日，中国人民银行发布《关于进一步加强支付结算管理防范电信网络新型违法犯罪有关事项的通知》（银发〔2019〕85号），在此基础上，从健全紧急止付和快速冻结机制、加强账户实名制管理、加强转账管理、强化特约商户与受理终端管理、广泛宣传教育、落实责任追究机制等方面提出21项措施，进一步筑牢金融业支付结算安全防线。

2019年7月23日，最高人民法院、最高人民检察院、公安部、司法部联合发布《关于办理非法放贷刑事案件若干问题的意见》（法发〔2019〕24号），明确非法放贷的定罪标准，并从犯罪持续时长、对象、次数、金额、利率等方面对定罪标准进行细化。

2019年8月1日，国务院办公厅发布《关于促进平台经济规范健康发展的指导意见》（国发办〔2019〕38号），提出引导、支持和保障平台经济发展的五项政策措施。对于涉及金融领域的互联网平台，该意见明确指出："其金融业务的市场准入管理和事中事后监管，按照法律法规和有关规定执行。设立金融机构、从事金融活动、提供金融信息中介和交易撮合服务，必须依法接受准入管理。"

2019年8月23日，中国银保监会印发《商业银行代理保险业务管理办法》（银保监办发〔2019〕179号），从业务准入、经营规划、业务退出、监督管理等方面对商业银行代理保险业务进行规范。对于互联网保险业务，该办法明确指出："商业银行不得通过第三方网络平台开展保险代理业务"；"商业银行开展互联网保险业务和电话销售保险业务应当由其法人机构建立统一集中的业务平台和处理流程，实行集中运营、统一管理，并符合中国银保监会有关规定"。

2019年9月2日,互联网金融整治办、P2P网贷整治办联合发布了《关于加强P2P网贷领域征信体系建设的通知》,支持P2P网络借贷机构接入征信系统,要求持续打击恶意逃废债行为,并加大对P2P网络借贷领域失信人的惩戒力度。

2019年9月27日,中国人民银行印发《关于发布金融行业标准加强移动金融客户端应用软件安全管理的通知》(银发〔2019〕237号),下发《移动金融客户端应用软件安全管理规范》(JR/T 0092—2019),并从提升安全防护能力、加强个人金融信息保护、提高风险监测能力、健全投诉处理机制、强化行业自律管理五个方面对实施工作提出要求。

2019年11月27日,互联网金融整治办、P2P网贷整治办联合发布了《关于网络借贷信息中介机构转型为小额贷款公司试点的指导意见》(整治办函〔2019〕83号),对P2P网络借贷机构转型小额贷款公司的基本条件,以及转型工作的步骤、转型后的监管措施、转型的配套政策、转型工作安排作出详细规定。

2019年12月20日,中国人民银行、银保监会、证监会、国家外汇管理局联合发布了《关于进一步规范金融营销宣传行为的通知》,明确金融营销宣传资质要求、监管部门职责、金融营销宣传行为规范、对违法违规金融营销宣传活动将采取的监管措施等内容。其中,对利用互联网进行营销宣传的行为进行了特别规范,指出"利用互联网开展金融营销宣传活动,不得影响他人正常使用互联网和移动终端,不得提供或利用应用程序、硬件等限制他人合法经营的广告,干扰金融消费者自主选择;以弹出页面等形式发布金融营销宣传广告的,应当显著标明关闭标志,确保一键关闭;不得允许从业人员自行编发或转载未经相关金融产品或金融服务经营者审核的金融营销宣传信息"。

二、经济发展新形势为互联网金融发展带来机遇与挑战

（一）从全球情况看：风险挑战增加，经济不确定性加剧

2019年，全球经济增速大幅下降，主要经济体的经济增速均出现回落。根据联合国不完全统计数据，2019年全球GDP增长率降至2.3%，同比下降0.7个百分点，为10年来最低水平。所有主要发达经济体均出现增速明显回落现象，新兴市场与发展中经济体经济增速普遍下降（见图1-1）。

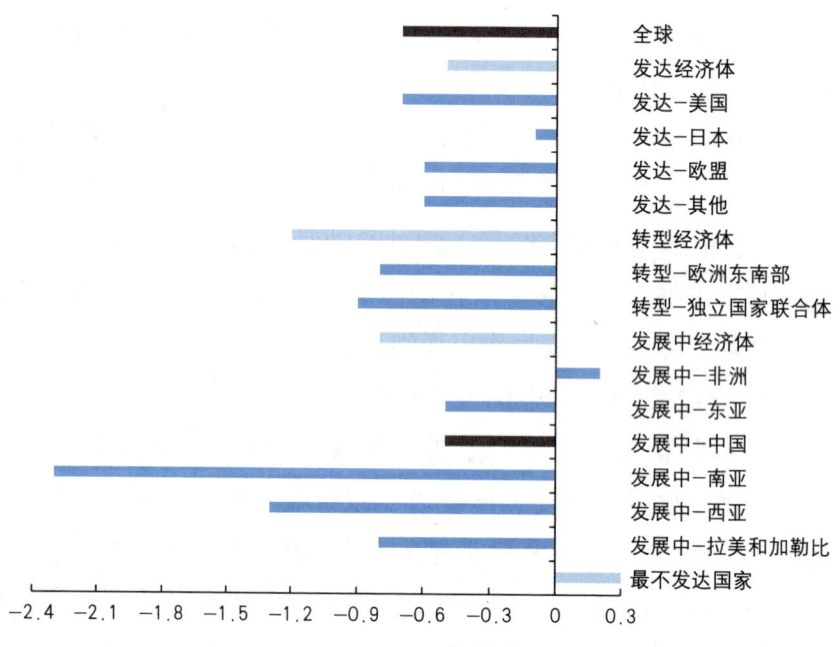

图1-1　2015—2019年全球经济增长情况

（资料来源：联合国秘书处经济和社会事务部）

除经济下行外，全球经济还呈现贸易增长动力不足、直接投资低迷、债务水平攀升等态势。2019年，受贸易摩擦加剧、经济下行影响，前三个季度全球货物出口总额分别同比增长0.6%、-0.1%和0.3%，增速比上年分别下降3.4个、3.6个和3.0个百分点，服务贸易

出口总额分别同比增长0%、1.9%和2.66%，增速比上年分别下降16.3个、8.7个和2.4个百分点；2019年上半年，全球外商投资额（FDI）流入额为1.3万亿美元，同比下降13%；2019年，发达经济体、新兴市场与中等收入经济体、低收入发展中国家政府总债务与GDP之比分别同比增长1.1个、3.0个、0.2个百分点，各国居民和企业债务也出现较大幅度回升，成为全球经济稳定的一个重要风险因素。

（二）从全国情况看：发展水平迈上新台阶，发展质量稳步提升

2019年，在内外部风险挑战增多等诸多不确定性因素影响下，我国经济运行总体平稳，"十三五"规划主要指标进度符合预期，全面建成小康社会取得新的重大进展。

2019年，我国GDP完成990 865亿元，比上年增长6.1%（见图1-2）。分产业来看，第一产业增加值70 467亿元，比上年增长3.1%；第二产业增加值386 165亿元，比上年增长5.7%；第三产业增加值534 233亿元，比上年增长6.9%。第一产业增加值占GDP的比重为7.1%，第二产业增加值占GDP的比重为39.0%，第三产业增加值占GDP的比重为53.9%（见图1-3）。

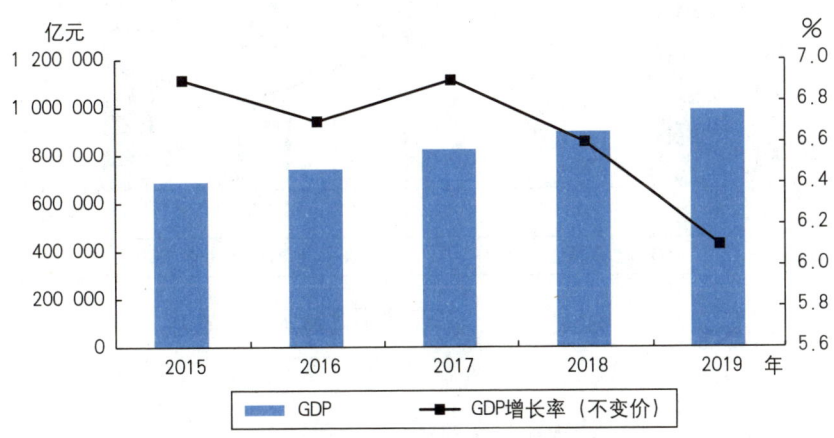

图1-2　2015—2019年中国经济增长情况

（资料来源：国家统计局）

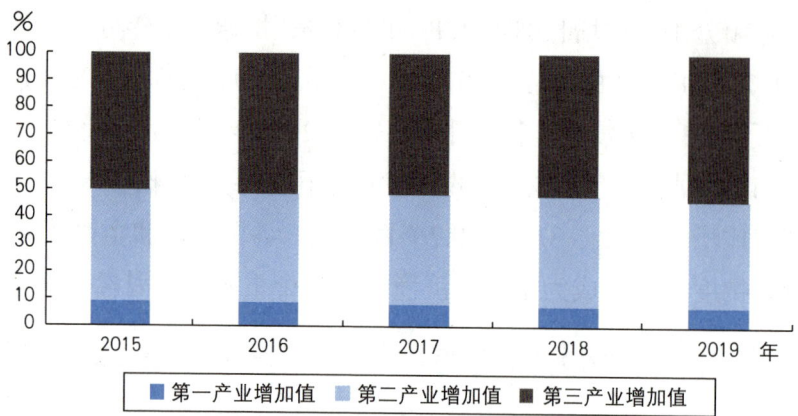

图1-3 2015—2019年三次产业增加值占GDP的比重

（资料来源：国家统计局）

2019年，我国金融业发展形势向好，共实现增加值77 077亿元，同比增长7.2%，增速处于近年来高位，金融业增加值占GDP的比重为7.8%，同比增长0.1个百分点（见图1-4）。

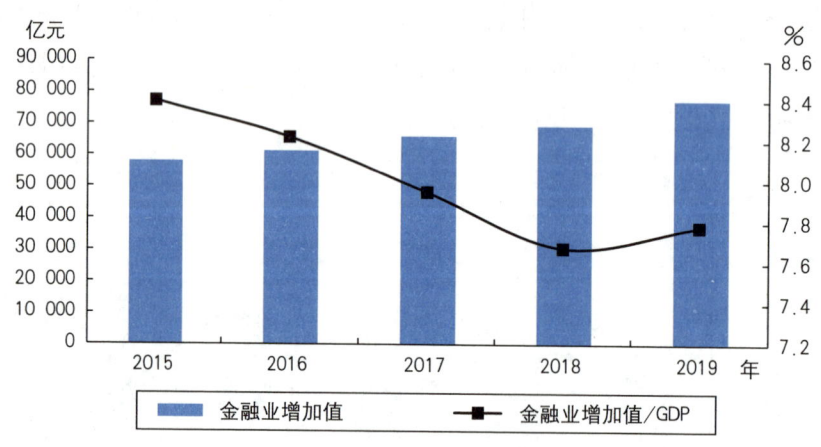

图1-4 2015—2019年中国金融业增长情况

（资料来源：国家统计局）

2019年，中国人民银行坚持金融服务实体经济的根本要求，实施稳健的货币政策，加强逆周期调节，在多重目标中寻求动态平衡。银行体系流动性合理充裕，年末金融机构超额准备金率为

2.4%，与上年末持平（见图1-5）；金融机构贷款增长较快，年末金融机构本外币贷款余额为158.6万亿元，同比增长11.9%，比年初增加16.8万亿元，同比多增6 987亿元（见图1-6）；货币供应量、社会融资规模适度增长，年末M2余额及社会融资规模存量分别为198.65万亿元、251.31万亿元，同比分别增长8.7%、10.7%，增速比上年分别增长0.6个百分点、0.4个百分点，规模增速略高于国内生产总值名义增速，体现了逆周期调节（见图1-7和图1-8）。

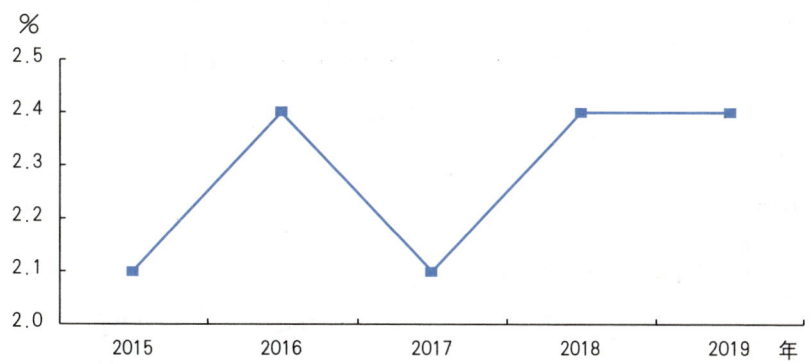

图1-5　2015—2019年金融机构超额准备金率变化情况

（资料来源：中国人民银行）

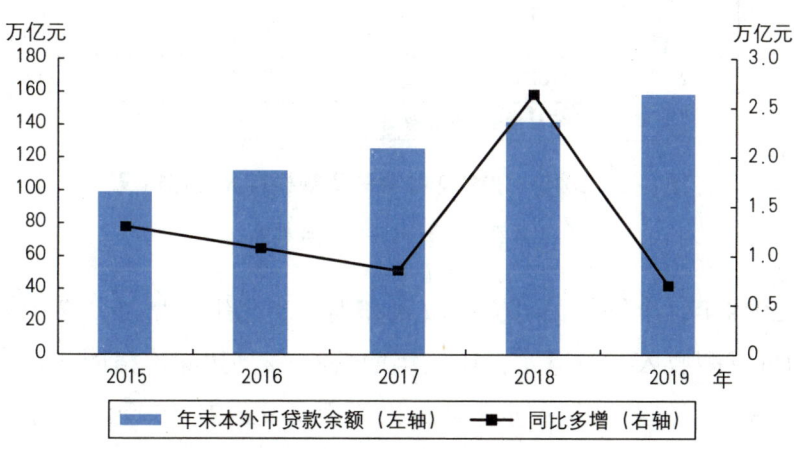

图1-6　2015—2019年金融机构本外币贷款余额变化情况

（资料来源：中国人民银行）

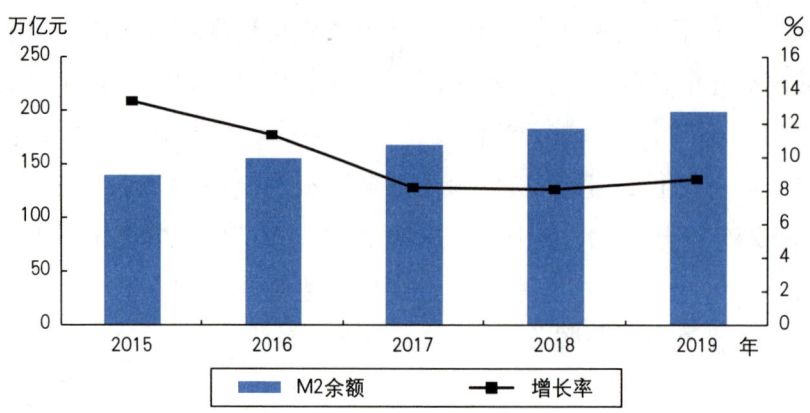

图1-7 2015—2019年广义货币供应变化情况

（资料来源：中国人民银行）

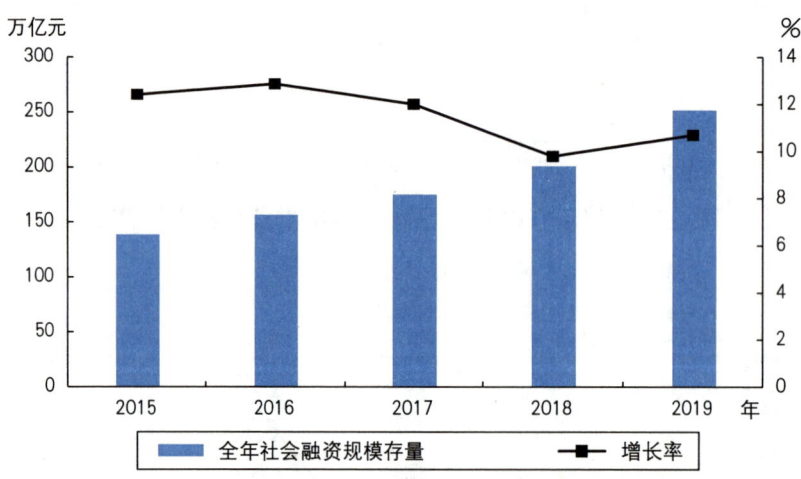

图1-8 2015—2019年社会融资规模存量变化情况

（资料来源：中国人民银行）

2019年，全国居民可支配收入和消费支出继续增加，全国居民人均可支配收入30 733元，比上年增长8.9%，扣除价格因素，实际增长5.8%（见图1-9）；全国居民人均消费支出21 559元，比上年增长8.6%，扣除价格因素，实际增长5.5%。城乡可支配收入和消费支出不平衡状况得到一定改善，城镇居民人均可支配收入和人均消费支出分别为42 359元和28 063元，比上年分别增长7.9%和7.5%；农村居民人均可支配收入和人均消费支出分别为16 021元和13 328元，比上年分别增长9.6%和9.9%（见图1-10）。此外，消费进一步升级提质，全国居民恩格尔系数为28.2%，比上年下降0.2个百分点（见图1-11）。

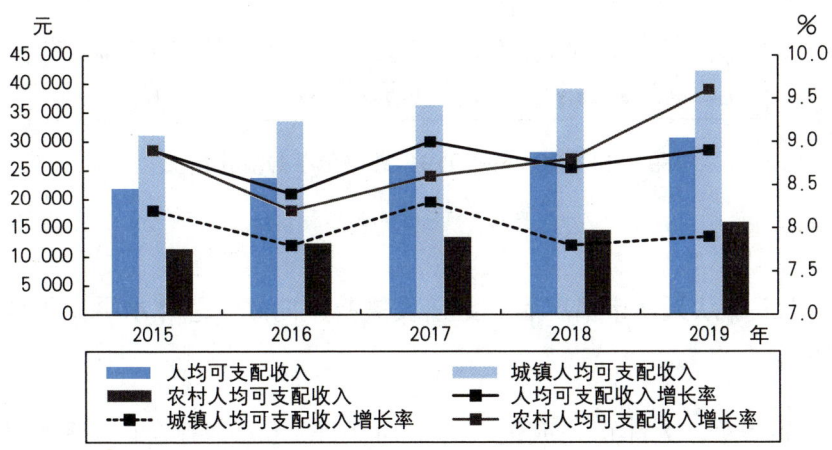

图1-9　2015—2019年人均可支配收入变化情况

（资料来源：国家统计局）

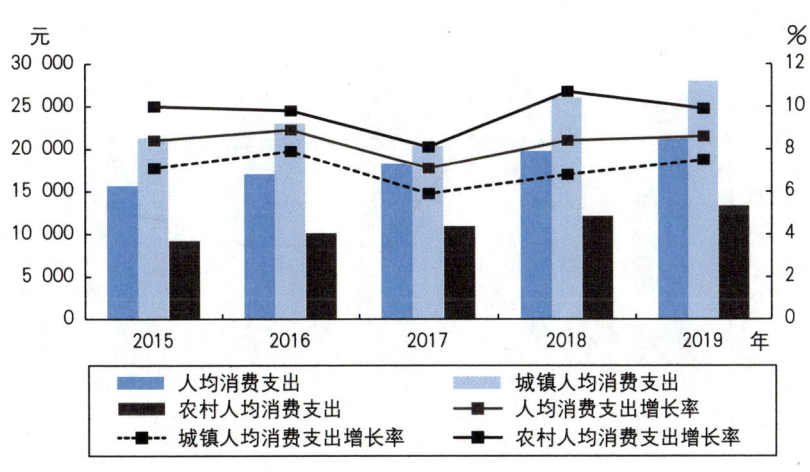

图1-10　2015—2019年消费变化情况

（资料来源：国家统计局）

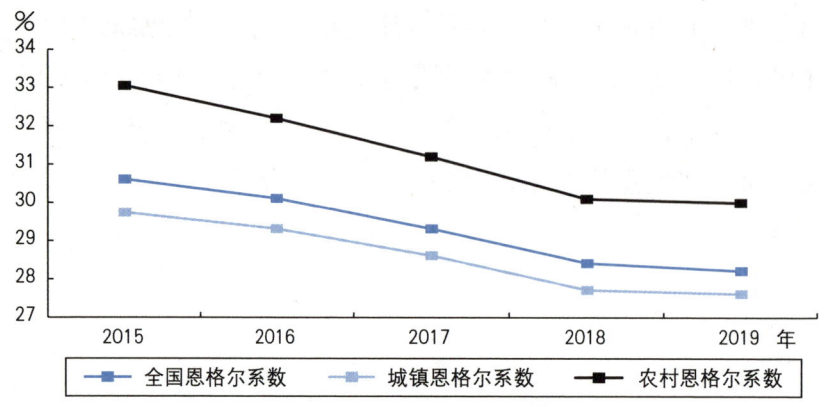

图1-11 2015—2019年恩格尔系数变化情况

(资料来源：国家统计局)

(三)从天津市情况看：经济发展稳中向好，总体水平位于全国前列

2019年，天津市完成生产总值14 104.3亿元，在全国338个主要城市中排在第10位，生产总值同比增长4.8%，增速有所回升（见图1-12）。

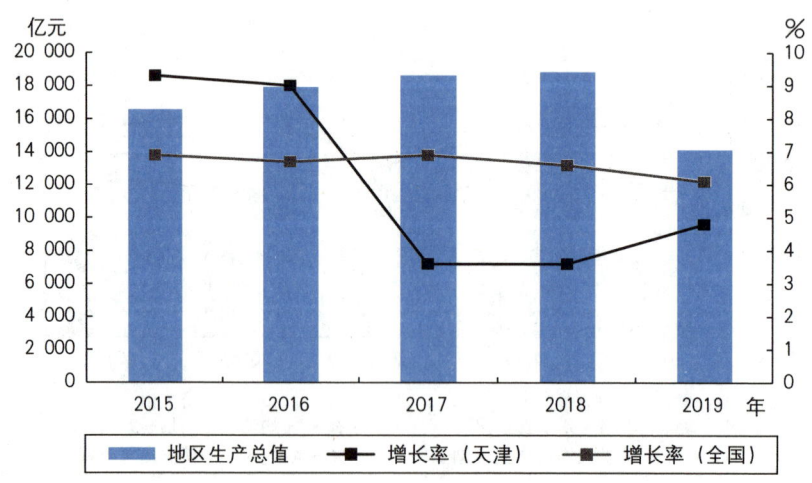

图1-12 2015—2019年天津市经济增长情况

(资料来源：天津市统计局)

2019年，天津金融业增加值1 966.9亿元，同比增长3.3%，增速低于全国平均水平（见表1-13）。

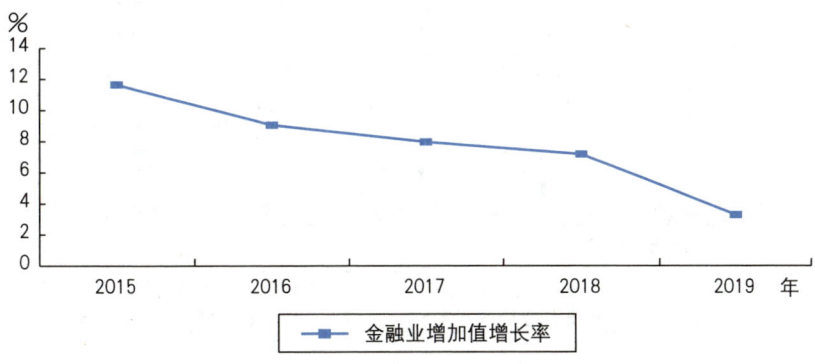

图1-13　2015—2019年天津市金融业增长情况

（资料来源：天津市统计局）

2019年，全市居民人均可支配收入和人均消费支出分别为39 506元和29 903元，均高于全国平均水平（见图1-14和图1-15）。消费结构升级优化，新能源汽车、智能手机等商品零售额增长较快，服务消费成为拉动消费市场的重要力量（占比为48.2%），恩格尔系数比上年下降0.7个百分点。

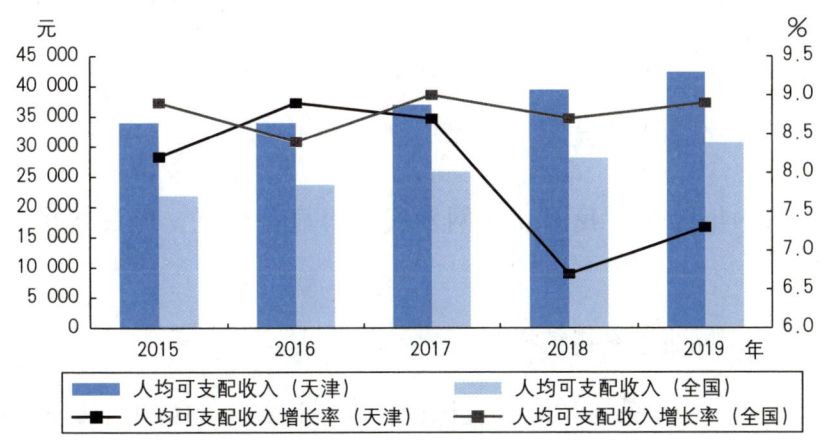

图1-14　2015—2019年天津市人均可支配收入增长情况

（资料来源：天津市统计局）

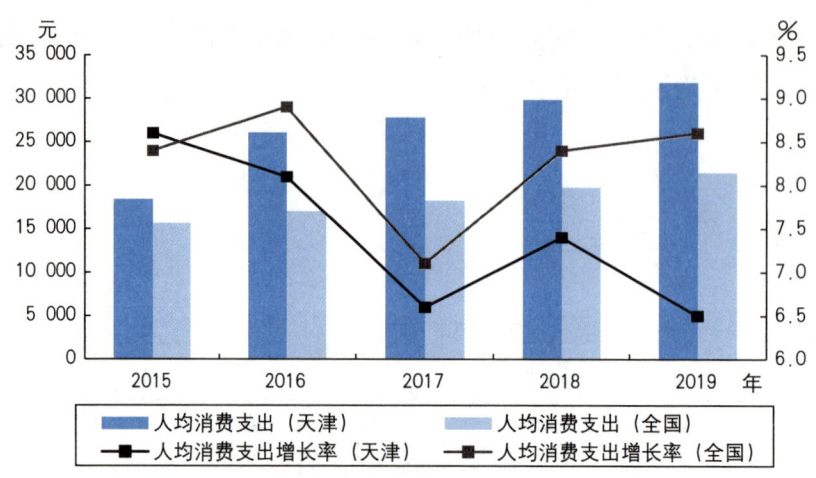

图1-15 2015—2019年天津市人均消费支出增长情况

(资料来源：天津市统计局)

2019年，京津冀协同发展工作不断取得新进展，在优势资源整合、北京非首都功能疏解、生态环境修复与治理、经济结构优化等方面均取得一定成效。京津冀一体化的不断深入为天津经济发展带来利好：2019年，京冀企业来津投资到位资金1 470.7亿元，占全市实际利用内资的51.0%，同比增长4.6个百分点；天津口岸京冀货物进出口总额达4 430.4亿元，占天津口岸进出口总额的32.0%，同比增长1.8个百分点。

三、互联网的发展与普及助力线上金融发展

2019年以来，我国互联网发展取得显著成就，网民规模持续增长。

（一）网络速率持续提升

截至2019年第三季度，我国固定宽带网络平均可用下载速率为37.69Mbit/s，同比增长50.8%；移动宽带用户使用4G网络访问互联网时的平均下载速率达24.02Mbit/s，同比增长11.9%（见图1-16）。

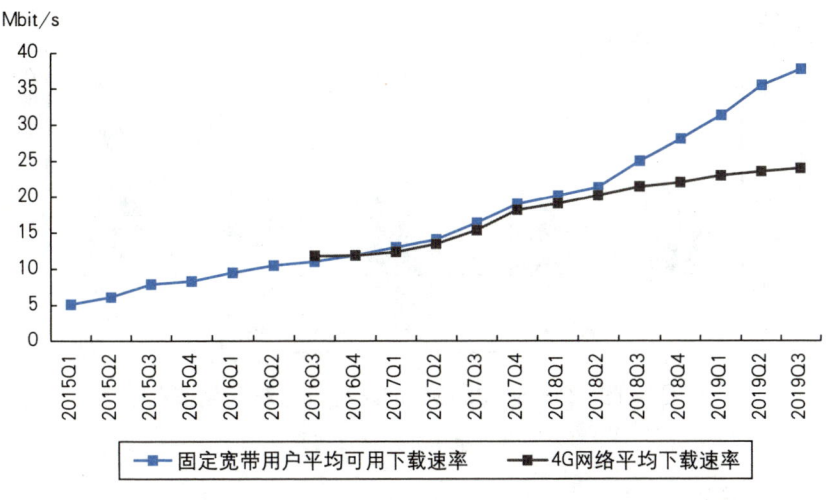

图1-16　2015—2019年网络速率情况

（资料来源：中国互联网络信息中心）

（二）互联网基础资源保有量稳步增长

截至2019年末，我国IPv4地址数量为38 751万个，同比增长0.4%（见图1-17）；IPv6地址数量为50 877块/32，同比增长15.7%；域名数量为5 094万个，同比增长34.3%（见图1-18）。

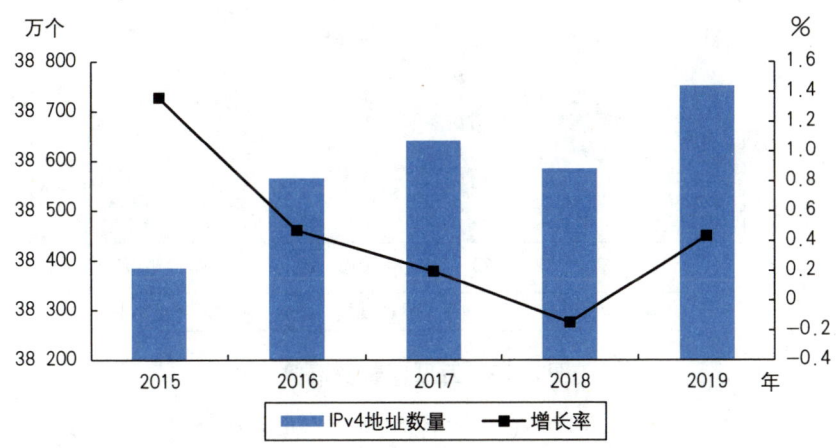

图1-17　2015—2019年IPv4地址数量变化情况

（资料来源：中国互联网络信息中心）

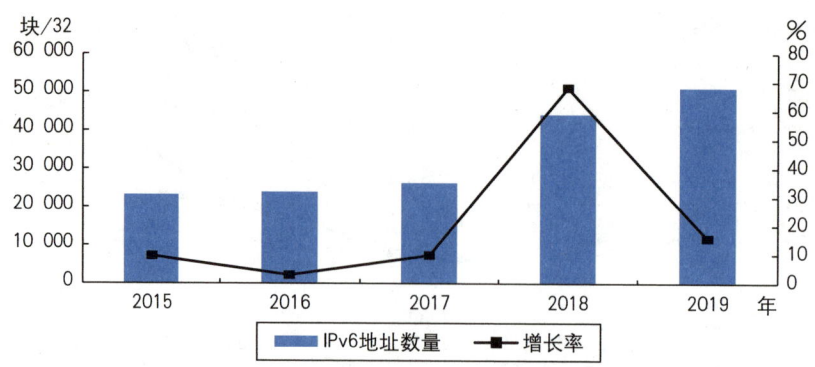

图1-18 2015—2019年IPv6地址数量变化情况

（资料来源：中国互联网络信息中心）

（三）互联网得到进一步普及

截至2020年3月末[①]，我国网民规模为9.04亿，互联网普及率达64.5%，较上年末增加4.9个百分点；手机网民规模为8.2亿人，网民通过手机接入互联网的比例高达98.6%（见图1-19）。

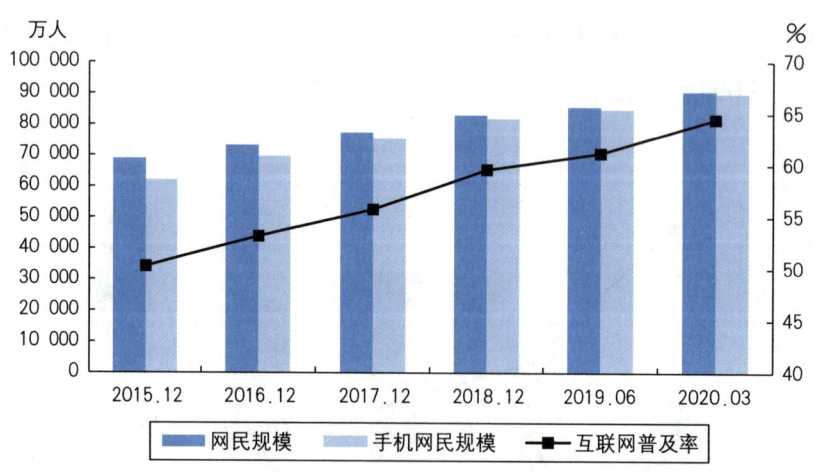

图1-19 互联网普及情况

（资料来源：中国互联网络信息中心）

---

① 受疫情影响，未对2019年末相关情况进行统计。下同。

（四）网络支付、互联网理财类应用使用率有所提高

截至2020年3月末，网络支付互联网应用用户规模为7.68亿人，较上年末增长27.9%；网民使用率达85.0%，较上年末增长12.5个百分点（见图1-20）。其用户规模及使用率在各类互联网应用中排在第三位，仅次于即时通信和短视频应用。

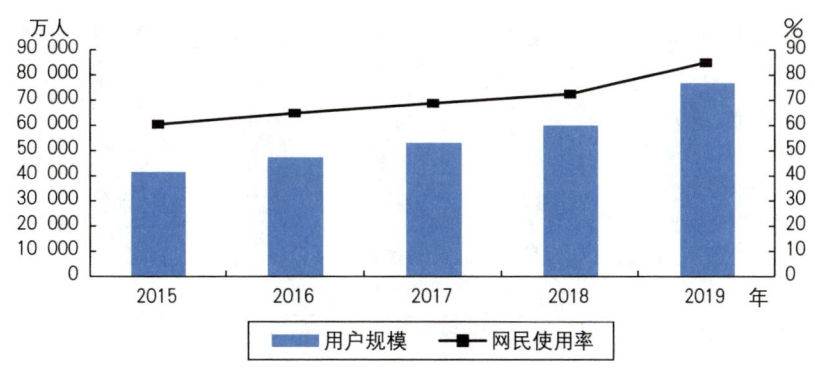

图1-20　网络支付应用普及情况

（资料来源：中国互联网络信息中心）

截至2020年3月末，网络支付互联网应用用户规模为7.65亿人，较上年末增长31.2%；手机网民使用率达85.3%，较上年末增长11.9个百分点（见图1-21）。

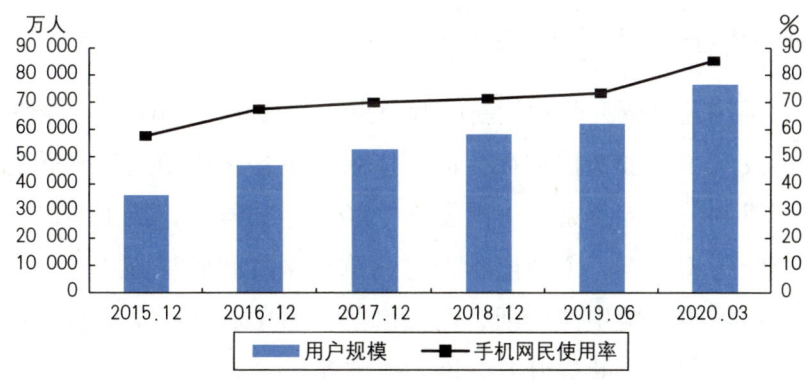

图1-21　网络支付手机应用普及情况

（资料来源：中国互联网络信息中心）

截至2020年3月末,互联网理财应用用户规模为1.64亿人,较上年末增长8.1%;网民使用率达18.1%,与上年末基本持平(见图1-22)。

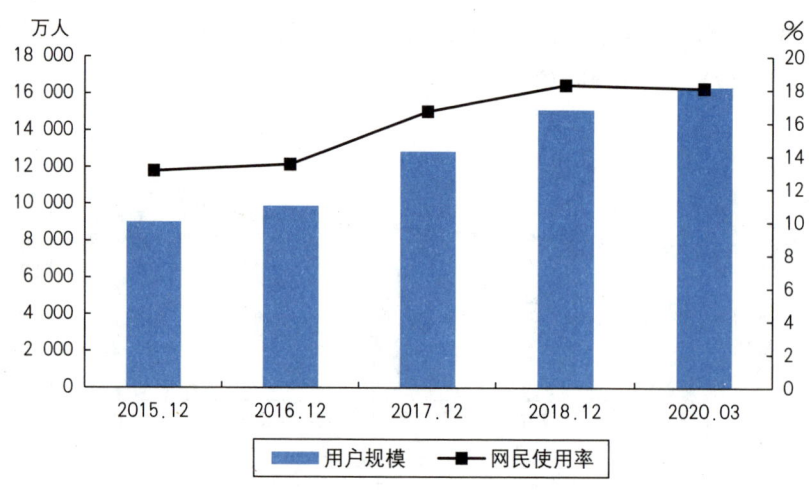

图1-22　互联网理财应用普及情况

(资料来源:中国互联网络信息中心)

四、社会信用体系建设、个人信息保护助推互联网金融健康化发展

(一)社会信用体系建设继续推进

1. 信用监管成为监管创新的着力点。2019年7月16日,国务院办公厅印发《关于加快推进社会信用体系建设构建以信用为基础的新型监管机制的指导意见》(国发办〔2019〕35号),指出要以加强信用监管为着力点,创新监管理念、监管制度和监管方式,建立健全贯穿市场主体全生命周期,衔接事前、事中、事后全监管环节的新型监管机制,不断提升监管能力和水平,并提出了创新事前环节信用监管、加强事中环节信用监管、完善事后环节信用监管和强化

信用监管的支撑保障四个方面的政策措施。

2. 联合奖惩进一步强化。截至2019年末，国家层面签署的联合奖惩合作备忘录共46个。其中，联合惩戒备忘录38个，联合激励备忘录5个，既包括联合激励又包括联合惩戒的备忘录3个。

2019年前三季度①，相关部门向全国信用信息共享平台推送失信黑名单信息新增313.2万条，月均新增信息涉及失信主体31.0万个，月均退出黑名单主体11.5万个。其中，涉金融领域黑名单的主体主要包括恶意逃废债借款人、非法集资企业、严重失信PE/VC企业、严重失信债务人等。2019年前三个季度，新增涉金融领域黑名单主体月均401.0个（见图1-23）。依据《关于对涉金融严重失信人实施联合惩戒的合作备忘录》（发改财金〔2017〕454号），有关部门将对涉金融严重失信人实施限制设立融资性担保公司、非银行支付机构、网络借贷信息中介机构，限制发行企业债券及公开发行公司债券，限制取得检验检测认证机构资质，限制获得认证证书等惩戒措施。

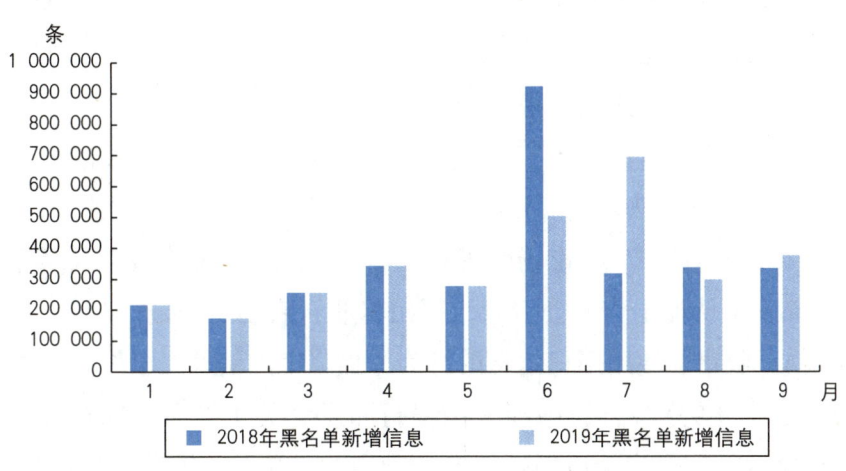

图1-23　2018—2019年失信黑名单信息新增情况

（资料来源：信用中国）

① 国家公共信用信息中心仅公布1~9月新增失信联合惩戒对象公示及公告情况。

3. 天津市加快推进社会信用体系建设。2019年6月11日，天津市发展改革委、人民银行天津分行印发《天津市2019年社会信用体系建设工作要点》（以下简称《工作要点》），要求加快推进天津市社会信用体系建设，服务于改善营商环境和经济高质量发展。《工作要点》提出，要加强规章制度建设、开展公共信用信息归集、完善信用信息共享、完善统一社会信用代码制度、开展信用联合奖惩、推进重点领域诚信建设、推动社会信用体系试点示范建设、推进京津冀社会信用体系协同共建等11项社会信用体系建设重点工作，并明确了职责分工。

（二）个人信息保护不断深入

2019年，国家对侵犯个人信息行为的打击和整治力度不断加大，相关政策法规和标准规范也在逐步完善。

2019年1月25日，中央网信办、工信部、公安部、市场监管总局联合发布《关于开展App违法违规收集使用个人信息专项治理的公告》，明确App运营者在收集使用个人信息时应履行的责任义务，对App专项治理工作进行统筹安排。

2019年3月4日，十三届全国人大二次会议将"个人信息保护法"列入本届立法规划。目前，"个人信息保护法"尚在制定中。

2019年3月13日，市场监管总局、中央网信办联合发布《关于开展App安全认证工作的公告》，提出将联合启动App安全认证工作，规范App收集、使用用户信息的行为，加强个人信息安全保护。

2019年9月27日，中国人民银行印发《关于发布金融行业标准加强移动金融客户端应用软件安全管理的通知》（银发〔2019〕237号）及《移动金融客户端应用软件安全管理规范》（JR/T 0092—2019）。其中，在个人信息保护方面，该通知要求各金融机构严格按照《移动金融客户端应用软件安全管理规范》，采取有效措施加强客户端软件个人金融信息保护。

2019年10月，中国人民银行下发《个人金融信息（数据）保护试行办法（初稿）》，向各银行征求意见。目前，该办法尚在完善中。

2019年11月28日，国家互联网信息办公室秘书局、工信部办公厅、公安部办公厅、市场监管总局办公厅联合印发《App违法违规收集使用个人信息行为认定方法》（国信办秘字〔2019〕191号），对可被认定为"违法违规手机使用个人信息"的行为进行明确。

五、互联网金融成为服务实体经济的重要抓手

精准有效服务实体经济，缓解企业融资难、融资贵问题，是金融业2019年的重点工作任务。

2018年11月1日，习近平总书记在民营企业座谈会上提出，要优先解决民营企业特别是中小企业融资难甚至融不到资问题，同时逐步降低融资成本；要改革和完善金融机构监管考核和内部激励机制，把银行业绩考核同支持民营经济发展挂钩，解决不敢贷、不愿贷的问题；要扩大金融市场准入，拓宽民营企业融资途径，发挥民营银行、小额贷款公司、风险投资、股权和债券等融资渠道作用。

2019年2月，中共中央办公厅、国务院办公厅联合印发《关于加强金融服务民营企业的若干意见》（以下简称《意见》）。该意见强调，要加大金融政策支持力度，着力提升对民营企业金融服务的针对性和有效性；强化融资服务基础设施建设，着力破解民营企业信息不对称、信用不充分等问题；完善绩效考核和激励机制，着力疏通民营企业融资堵点；积极支持民营企业融资纾困，着力化解流动性风险并切实维护企业合法权益。

2019年3月5日，李克强总理在《2019年政府工作报告》中指出，要引导金融机构扩大信贷投放、降低贷款成本，精准有效支持实体经济；加大对中小银行定向降准力度，释放的资金全部用于民营和小微企业贷款；支持大型商业银行多渠道补充资本，增强信贷

投放能力，鼓励增加制造业中长期贷款和信用贷款；清理规范银行及中介服务收费；完善金融机构内部考核机制，激励加强普惠金融服务，切实使中小微企业融资紧张状况有明显改善，综合融资成本必须有明显降低。

为深入贯彻落实习近平总书记在民营企业座谈会上的重要讲话精神和党中央、国务院决策部署，银保监会等先后印发《关于进一步加强金融服务民营企业有关工作的通知》（银保监发〔2019〕8号）、《关于2019年进一步提升小微企业金融服务质效的通知》（银保监发〔2019〕48号）、《关于深入开展"信易贷"支持中小微企业融资的通知》（发改财金〔2019〕1491号）等文件，从持续优化金融服务体系、抓紧建立长效机制公平精准有效开展民营企业授信业务、着力提升民营企业信贷服务效率等方面提出有针对性的落实措施。

其中，在互联网应用方面，上述文件提出：商业银行要根据民营企业融资需求特点，借助互联网、大数据等新技术，设计个性化产品满足企业不同需求；要进一步加强与互联网、大数据的融合，深度挖掘自身金融数据和外部征信数据资源，在加强合规管理和风险控制的前提下，探索研究全流程线上贷款业务模式；鼓励银行业金融机构通过与税务部门数据直连或与正规持牌的第三方征信机构合作等方式，搭建"互联网+大数据+金融+税务"平台，积极创新银税合作信贷产品；国家公共信用信息中心要积极协调有关部门，加强信用信息整合共享，加快建设全国中小企业融资综合信用服务平台。

天津市将搭建线上融资平台作为破解企业融资难、融资贵问题的重要抓手，创新推出线上银税互动服务平台、天津市中小企业融资综合信用服务平台（"信易贷"平台），开展跨境金融区块链服务平台试点，为企业提供线上申贷便利通道。线上银税互动服务平台由天津市金融局与市税务局联合开发，平台自2019年7月17日上线至2019年末，共支持各银行为千余家小微企业授信约7亿元；"信易贷"平台由天津市发改委开发，于2019年底正式上线；2019年10

月，天津市获批开展跨境金融区块链服务平台试点，截至11月底，天津辖内通过跨境区块链平台完成应收账款融资18笔，放款金额近600万美元，服务企业8家，全部为中小企业。

第三节　天津市互联网金融发展总体情况

全国互联网金融风险分析技术平台监测数据显示，截至2019年末，天津市正常运行的互联网金融平台有520家，居全国第18位。天津市互联网金融涵盖互联网支付、网络借贷、互联网直销银行、互联网证券、互联网基金销售和互联网消费金融几个主要业态门类，由于面对的政策环境、市场环境差别较大，不同业态发展情况也存在较大差别。

一、互联网支付

2019年，天津市辖内银行业金融机构办理网上支付业务11.81亿笔，同比增长36.32%，交易总金额为32.90万亿元，同比下降12.65%；办理移动支付业务10.19亿笔，同比增长23.93%，交易总金额为4.40万亿元，同比下降5.81%。每笔平均交易金额为1.7万元，同比下降32.37%。

2019年，天津辖内法人支付机构融宝网络支付有限公司和易生支付有限公司互联网支付业务共交易3 103.75万笔，同比下降53.9%，交易总金额为802.74亿元，同比下降74.14%。每笔平均交易金额为0.26万元，同比下降43.90%。

二、P2P网络借贷

截至2019年末，天津市共有136家P2P网络借贷平台，正常运营的平台有1家；在运营P2P网络借贷平台借贷余额为9.94亿元，较年初减少6.63亿元，累计下降40.01%；借款人1.44万人，较年初减少9 512人，减幅为39.76%；出借参与人5 725人，较年初减少4 515人，减幅为44.09%；人均借款金额6.9万元，较年初减少0.03万元，减幅为0.44%；人均出借金额达17.37万元，较年初增加1.18万元，增幅为7.28%；平均借款期限7.46个月，较年初延长1.59个月，增幅为27.09%；平均收益率为7.28%，较年初下降3.52个百分点。

三、互联网直销银行

截至2019年末，天津市辖内已有渤海银行、金城银行、天津农商银行三家法人银行机构开展了直销相关业务，民生银行总行的部分直销业务在民生银行天津分行落地开展。其中，截至2019年末，渤海银行直销银行注册用户数全年增长4.53%，活跃用户全年下降1.68%，存款余额全年下降39.69%，理财产品余额全年下降74.66%；天津农商银行注册用户数全年增长35.78%，活跃用户全年下降37.26%，存款余额全年下降54.93%，理财产品余额全年增长9.88%；金城银行直销银行项目尚处于初步探索阶段。

四、互联网证券

注册在天津市的证券公司仅渤海证券1家。2019年，渤海证券总体开户数较2018年实现大幅度增长。2019年，渤海证券新增互联网开户数35 572户，同比增长283.53%，占渤海证券新增总开户数的比例为99.07%；互联网金融商城累计销售各类金融产品10.27亿元，与2018年总体规模相当。

五、互联网基金销售

注册在天津市的公募基金管理公司仅天弘基金1家。截至2019年末，天弘基金资产管理规模超过1万亿元，累计为公募持有人赚取收益2 186.12亿元，基金管理费收入为37.34亿元，均位居基金行业前列。2019年，天弘基金网上开户数同比大幅增长，但互联网基金销售额同比小幅下降。

六、互联网消费金融

2019年，天津市互联网消费金融市场继续保持快速发展态势，用户数量、贷款规模都实现了较快增长。以唯一一家注册在天津市的持牌消费金融公司——捷信消费金融公司为例，该公司共有三款信贷产品通过互联网渠道办理。2019年，捷信线上业务新增客户23 007人，同比增长726.4%；全年累计贷款金额超过28 633万元，同比增长389.8%。

第四节 天津市互联网金融的发展趋势与展望

一、总体发展趋势

（一）互联网金融监管长效机制加速形成

未来一段时间，互联网金融专项整治工作将持续开展，互联网金融存量风险将被逐步化解，监管长效机制将进一步建立健全。根据各金融监管部门制定的规章立法工作计划，2020年将制定修订《商业银行互联网贷款管理暂行办法》《个人金融信息（数据）保护试行办法》《互联网保险业务监管办法》《证券投资基金销售管理办法》等法律法规，在市场准入、信息披露、消费者保护等方面对相关业务进行更明确的规范。与此同时，相关的联合惩戒机制、监管科技手段、纠纷调解机制等在逐步健全，将与监管规则形成合力，共同推动行业健康有序发展。

（二）互联网金融标准化程度将持续提升

近年来，新型金融标准体系持续完善，涵盖金融产品服务、金融基础设施建设、金融统计、金融监管与风险防控等各个方面。在互联网金融方面，根据全国标准信息公共服务平台的公示信息，当前互联网金融统计、信息披露、资金存管等方面的标准正在起草当中，云计算、人工智能、区块链等相关技术标准也在加紧研制。互联网金融相关业务及技术标准研制工作的加速推进，将为行政监管提供有效补充。

（三）信息技术的应用将进一步深化

随着人工智能、大数据、云计算、物联网等信息技术的发展成熟，其在金融领域的应用也将持续深化。2019年8月，中国人民银行印发《金融科技（FinTech）发展规划（2019—2021年）》（银发〔2019〕209号），对未来三年金融科技工作的指导思想、基本原则、发展目标、重点任务和保障措施进行了明确。规划提出，到2021年，建立健全我国金融科技发展的"四梁八柱"，进一步增强金融业科技应用能力，实现金融与科技深度融合、协调发展，明显增强人民群众对数字化、网络化、智能化金融产品和服务的满意度，推动我国金融科技发展居于国际领先水平，实现金融科技应用先进可控、金融服务能力稳步增强、金融风控水平明显提高、金融监管效能持续提升、金融科技支撑不断完善、金融科技产业繁荣发展。

（四）中小从业机构将继续探索差异化发展路径

互联网金融行业整体集中度较高，特别是互联网支付、互联网消费金融等领域，头部从业机构凭借资金优势、技术优势、场景优势等占据了绝大部分的市场份额，且市场份额仍在不断攀升，中小从业机构的生存空间被不断挤压。天津市互联网金融从业机构多为中小型机构，在产品高度同质化导致竞争日趋激烈的形势下，亟须探索出一条差异化的发展路径。未来，中小从业机构将更加重视打造自身特色，开发新模式、挖掘新市场、提供新体验。

（五）金融消费者权益保护机制进一步完善

近年来，国家各级各部门对金融消费者权益保护工作高度重视，出台了一系列政策、措施，并探索开展了多种形式的消费者权益保护机制。为更好地保护金融消费者的合法权益，完善金融纠纷化解机制，2019年11月，最高人民法院、中国人民银行、中国银保监会联合印发《关于全面推进金融纠纷多元化解机制建设的意见》（法发〔2019〕27号），对金融纠纷多元化解机制的案件范围、工作流程等作出规定，提出"调解优先、调判结合"方针，要求充分发挥金融纠纷调解组织作用。自2018年以来，在中国人民银行天津分行的推动下，天津市金融学会、天津市互联网金融协会积极探索金融纠纷化解新机制，推动成立天津市金融消费纠纷调解中心，旨在通过非诉讼独立第三方调解的方式为金融消费双方提供公益服务，缓解金融消费领域日益增长的矛盾纠纷，最大限度地维护金融消费双方的合法权益。该中心目前已处于试运营阶段，预计于2020年正式成立。

二、具体业态发展趋势

（一）互联网支付

互联网支付领域监管将持续完善，政府部门将在风险防范、创新促进等方面发挥更大效能。天津市从事互联网支付的机构市场占有率均较低，在面临较大的竞争压力的情况下，将主要通过加强与互联网机构合作、实施场景纵深向创新等方式获得竞争优势。

（二）P2P网络借贷

机构退出仍是主要工作方向，天津市本地存量P2P网络借贷机构将在 2020 年全部清退。未来，P2P 网络借贷监管长效机制将逐步建立，配套设施将进一步完善，从业机构的企业管理、风险控制、业务创新等将更加规范，市场资源将向小微企业、"三农"等领域倾斜。

（三）互联网直销银行

在市场规模较小、竞争优势不明显的情况下，天津市互联网直销银行正在探索差异化发展路径，提升自身竞争能力。未来，行业发展将逐步规范，风险控制进一步优化，将有更多中小银行进入市场，享受互联网直销模式带来的利好。

（四）互联网证券

天津市互联网证券从业机构体量较小，科技能力和资金实力较弱，在行业加速创新与转型的背景下，将面临更大的生存压力。天津市证券机构需高度重视技术应用，依靠技术手段，紧紧围绕客户需求，尽快实现盈利模式与服务模式转型，为自身拓展生存空间。

（五）互联网基金销售

在互联网基金销售领域监管规则不断细化的背景下，互联网基金销售从业机构的合规性在逐步提升。未来，互联网基金销售从业服务将以"盈利性"为导向，并不断向财富管理方向转型，提升客户的消费体验和长期黏性。

（六）互联网消费金融

天津市互联网消费金融的消费者基础较好，对于消费金融产品具有较高的认知度和使用率。未来，在各市场主体的共同推动下，互联网消费金融市场将进一步趋良趋优，行业发展更加规范化，产品及服务将更具创新性、更贴合消费者需求，为商业消费提供有力支持。

第二章
互联网支付

- 天津市互联网支付发展情况
- 天津市互联网支付面临的主要问题和挑战
- 天津市互联网支付的发展趋势与展望

> **全国情况** >>>
>
> 根据中国人民银行发布的《2019年支付体系运行总体情况》，2019年，全国银行业金融机构共处理网上支付业务781.85亿笔，金额为2 134.84万亿元，同比分别增长37.14%和0.40%；移动支付业务1 014.31亿笔，金额为347.11万亿元，同比分别增长67.57%和25.13%。
>
> 2019年，网上支付跨行清算系统共处理业务140.11亿笔，金额为110.77万亿元，同比分别增长15.81%和24.38%；日均处理业务3 838.58万笔，金额为3 034.72亿元。

第一节 天津市互联网支付发展情况

一、互联网支付交易呈小额化趋势

2019年，天津市辖内银行业金融机构办理网上支付业务11.8亿笔，同比增长36.3%，交易总金额为32.9万亿元，同比下降12.7%（见图2-1）；办理移动支付业务10.2亿笔，同比增长23.9%，交易总金额为4.4万亿元，同比下降5.8%。每笔平均交易金额为1.7万元，同比下降32.4%（见图2-2）。

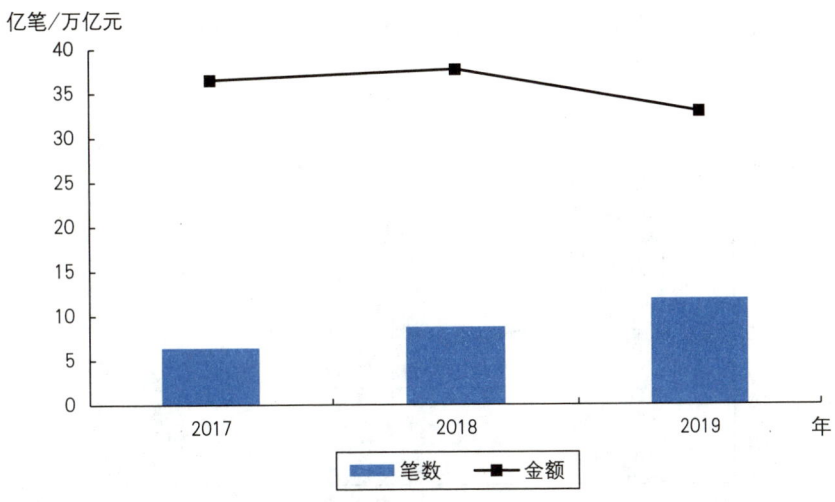

图2-1　2017—2019年天津市银行机构办理互联网支付业务情况

（资料来源：《天津市互联网金融发展报告》编委会整理）

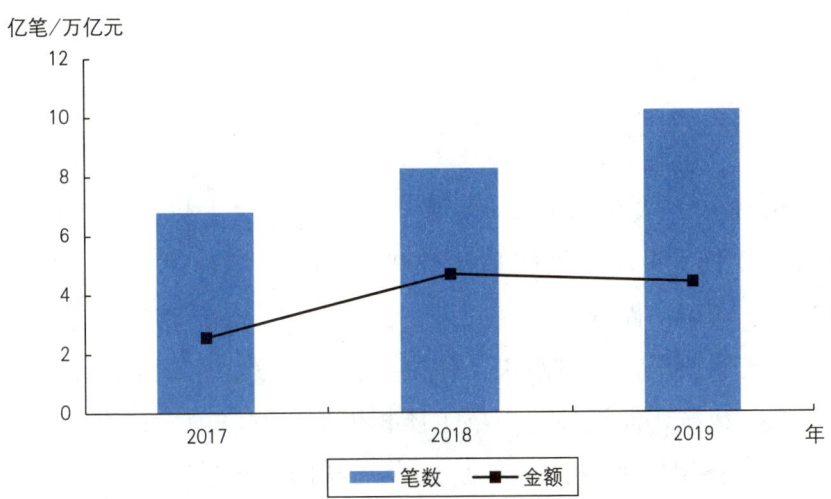

图2-2　2017—2019年天津市银行机构办理移动支付业务情况

（资料来源：《天津市互联网金融发展报告》编委会整理）

2019年，天津市辖内法人支付机构融宝网络支付有限公司和易生支付有限公司互联网支付业务共办理网上支付业务3 103.8万笔，同比下降53.9%；交易总金额为802.7亿元，同比下降74.1%。每笔平均交易金额为2 586.4元，同比下降43.9%（见图2-3）。

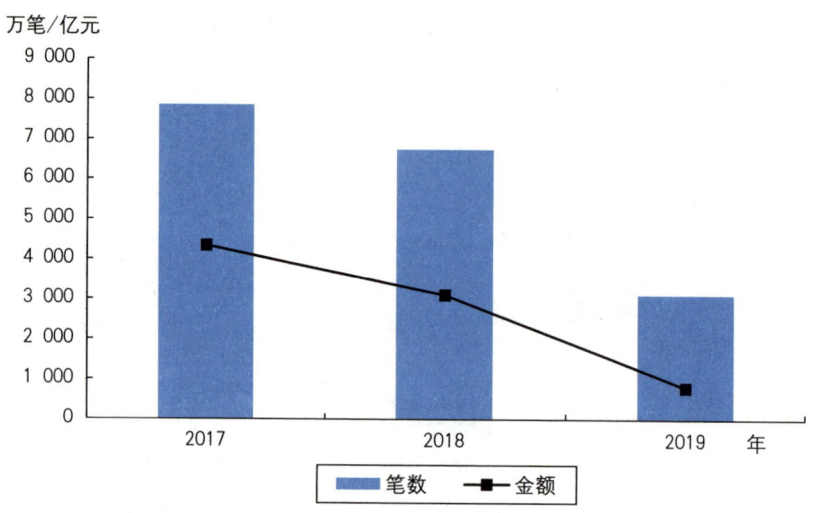

图2-3　2017—2019年天津市非银行机构办理互联网支付业务情况

（资料来源：《天津市互联网金融发展报告》编委会整理）

二、互联网支付与便民场景深度融合

2019年，人民银行天津分行继续践行"支付为民"的服务理念，按照《天津市推广和普及移动支付三年行动方案（2018—2020）》明确的路线图、时间表，深入调研天津市移动支付便民示范工程进展情况，及时解决工作中存在的问题，组织成员单位开展工作经验交流，促进各类市场主体积极参与互联网支付市场建设，统筹推进各项任务目标，不断扩大互联网支付社会影响力，在便民、兴企、善政等方面助推天津经济高质量发展。

2019年，在市场各参与方共同努力下，天津市移动支付市场覆盖面不断扩展，在众多便民领域实现重大突破：在全国首家创新试点上线银联刷脸支付系统，试点学校师生可通过刷脸方式实现食堂支付、闸机通行、教师考勤、图书借阅等功能。截至2019年底，刷脸支付系统累计服务师生68.3万人次，办理移动支付充值、消费等业务441.3万笔。在地铁领域率先实现联机交易脱机数据认证（ODA）技术落地，可支持12家银行卡持卡人直接挥卡挥手机乘车，2019年累计完成挥手机乘地铁交易3 344万笔。拓展完成移动支付便民菜场110余家，改造菜场及周边小微商户1万余户，切实提升百姓对支付服务的获得感。此外，区块链技术与支付业务深度融合方式探索、票据电子化试点、移动支付端对公产品空白问题解决等工作也在不断推进。

三、互联网支付在农村地区发展步入新阶段

2019年，结合移动支付便民示范工程，各涉农银行业金融机构不断夯实农村支付服务环境建设基础，开展点对点支付服务对接帮扶，普及支付结算知识，深入推动农村地区互联网支付业务发展，为农村居民提供更加优质、高效的金融服务。

截至2019年底，天津市农村地区网上银行和手机银行开户数量分别为468.2万户和561.9万户，分别同比增长15.5%和18.8%（见图2-4）。

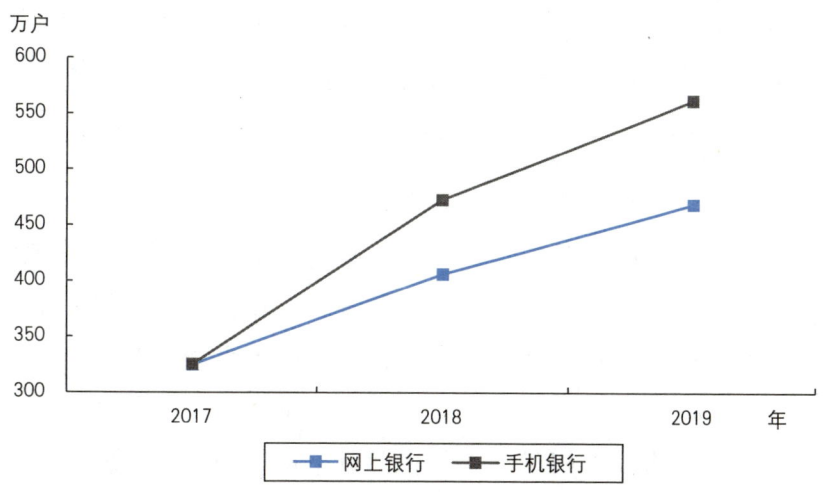

图2-4　2017—2019年末农村地区网上银行和手机银行开户数量

（资料来源：《天津市互联网金融发展报告》编委会整理）

移动支付方式普及度显著提高。2019年，农村地区移动支付业务量金额达6 165.5亿元，同比上升19.6%；移动支付业务在非现金支付工具业务量中占比为11.8%，较上年增长约2个百分点。

第二节 天津市互联网支付面临的主要问题和挑战

一、市场主体创新能力有待提高

近年来，在行业主管部门和银行业金融机构、非银行支付机构、清算机构等各类市场主体的共同推动下，互联网支付服务领域与场景不断拓展，在社会公众中的接受度和普及度不断提高。但与此同时，市场主体在产品功能和营销策略方面的创新能力则略显不足。

产品功能方面，现有互联网支付产品的主要功能基本雷同，同质化较为严重，缺少互补优势，导致市场竞争不断加剧，有时甚至会引发无序竞争；营销策略方面，银行业金融机构、非银行支付机构、清算机构在营销策略上均主要依靠政策支持或优惠让利，手段较为单一，且对培养用户长期使用的黏合度作用不明显。

二、市场发展存在不平衡

一方面，对私与对公领域发展不平衡，不同于对私领域互联网支付产品间的激烈竞争，对公领域呈现出产品较少、创新不足、发展缓慢的特征；另一方面，市场主体间发展不平衡，互联网支付市场呈现寡头竞争格局，头部大机构占据了绝大部分的市场份额，天津市的支付机构规模相对较小，在此竞争格局中，面临较大的生存压力。与此同时，随着5G、人工智能、区块链、云计算、大数据、物联网等新技术群落的加速形成，以及用户对于支付科技需求的不断升级，具有科技自主研发能力、资金实力的大机构的竞争优势将进一步增大，而中小机构将可能逐步被市场淘汰。

三、互联网支付业务风险防范需不断深化

互联网支付业务在为用户带来高效便捷体验的同时，也带来高风险，主要体现在：一是目前部分针对互联网支付使用的通信技术、认证技术等尚缺乏统一的标准或成熟的技术方案，为一些不法分子提供了可乘之机；二是法律法规尚待完善，参与主体间的法律关系尚待明确，难以更好地解决纠纷、预防纠纷；三是个别市场主体合规意识薄弱，在实名制落实、鉴权方式、鉴权通道等方面仍有不足，存在为互联网赌博、互联网彩票销售平台、非法外汇投资交易平台、代币发行融资及虚拟货币交易平台等各种非法交易平台提供支付通道的行为，严重侵害金融消费者的合法权益。

四、市场主体抵御风险能力尚待加强

一方面，部分市场主体风险识别能力欠缺，在较大的竞争压力之下，盲目承接其他行业机构（如票据中介）或无证支付机构整顿清理的违法、违规、高风险业务，为自身埋下风险隐患。

另一方面，互联网支付是在无纸化环境下进行的，必须依赖可靠的网络安全技术，特别是涉及资金转移的业务，对技术的安全性要求更高。部分市场主体技术能力有限，无法采取有效技术手段及时发现支付接口异常、移动终端移位等不法行为，无法制止通过上述行为开展的诈骗、套现等违法活动，导致人民群众财产受到损失；部分市场主体业务系统不完善，技术人员无法及时识别风险，易出现重大风险事件，造成不良影响。

第三节　天津市互联网支付的发展趋势与展望

一、加强顶层设计，提升政府部门与金融机构协同效能

当前，互联网支付已成为促进消费、发展经济、改善民生、推进经济社会高质量发展的重要举措，其发展的空间和规模已超越金融创新的范畴，是信息时代为金融业发展带来的一次重大革命。未来，互联网支付领域应出台更多的政策法规、行业标准，进一步发挥人民银行的组织监管职能，汇集政府部门和金融机构的合力，调动产业各方的积极性，推动互联网支付产业健康可持续发展。

二、增强市场主体活力，传统银行机构与互联网金融机构深入合作

互联网支付是市场经济环境下市场交易交换的一种手段，其市场属性必然需要相应产业主体加快市场化变革。无论是传统银行机构还是互联网金融机构要想取得长足的发展，都需要围绕市场化重塑运营理念，科学引入竞争机制，按照市场发展的规律配置相关的资源，采取更加积极的态度，相互取长补短，在技术、数据、系统等方面开展深入合作，通过客户资源和信息的共享，开创共赢局面，共建竞争有序的互联网支付市场环境。

三、统筹安全与效率，做好支付业务风险防范

各市场主体在推广和普及互联网支付过程中，要坚持以人民为中心，把百姓的资金安全和信息安全放在首位，坚持合规发展底线，正确处理支付安全与效率的关系，提高风险早期发现和预防水

平，有效防范支付业务风险，确保做到居安思危、未雨绸缪，及时识别、警示和处置支付业务风险，切实增强抵御系统风险的能力、切断风险传染的渠道，不断满足人民群众对高效、安全支付方式的需求。

四、互联网支付向垂直纵深领域发展

近年来，从互联网支付应用场景来看，互联网金融通道业务已逐渐发展成为互联网支付市场占比最高的业务。随着支付监管趋严及互联网金融整治工作不断深入，互联网金融衍生的支付业务受到很大的限制。中小支付机构正在发挥自身优势，积极探索新的业务增长点，深挖航旅、跨境、物流等垂直细分行业支付需求，通过创新建立场景和支付结合的业务发展模式，建立起自身的核心竞争力。

专栏

人民银行天津分行打造地方特色便民支付产品 创新推动移动支付便民示范工程发展

2019年，人民银行天津分行坚持"支付为民"理念，以"小二生活"平台产品为切入点，着力打造地方特色生活服务平台，深入推进移动支付便民示范工程建设。

一、项目主要功能及特色

"小二生活"平台产品是以云闪付App为基础，通过汇聚天津本地多种生活场景，为持卡人提供多元化服务的便民生活服务平台。其主要特色：

一是拓展线下实体商户，安全可靠。"小二生活"平台产品

采用行业平台型商业模式,即OMO(Online-Merge-Offline)模式,使线下实体店(商场、商圈)直接入驻云闪付平台,不但提升了中小微企业、个体工商户的金融服务获得感,同时有效保证了商户的真实性,有利于保障持卡人合法权益,防范和降低金融风险。

二是贴合百姓实际需求,提高用户黏性。"小二生活"平台产品通过发布"62会员""优选好店""3公里社区"等产品,围绕百姓的衣、食、住、行、娱、购等高频普适性生活领域,构筑线上线下生活圈,通过线上外卖、生活团购、直接埋单等应用场景,形成了惠及百姓的产品族群,不仅满足了百姓日常需求,同时有效增强了云闪付App的用户黏性。

三是赋能实体经济,助力产业升级。"小二生活"平台产品在满足用户购买和线上社交分享需求的同时,还打造了"线上—移动—线下"三位一体全时空的体验店营销系统,更利用云计算和云存储技术打破时空限制,创建"四维"商铺,可帮助商户降低经营成本、拓宽收益渠道、整合经营资源,切实支持实体经济高质量发展。

二、主要做法及成效

人民银行天津分行按照"立足地方、安全高效、共建共赢"的总体工作思路,采取多项措施推动"小二生活"平台产品建设。

一是坚持一个"高"字,以政策规划作引领。首先,按照《天津市推广和普及移动支付三年行动方案(2018—2020)》明确的路线图、时间表,加强组织领导,统筹推进各项工作,确保各方思想一致、目标一致、步调一致。其次,依托地方,结合本地经济、社会、人文发展实际情况,深入调研市场需求,使"小二生活"平台产品符合城市发展方向、凸显城市特征、彰显城市精神。最后,以云闪付App为切入点,避免重复建设,加速"小二生活"平台产品投产。

二是瞄准一个"聚"字,以合作共建作支撑。在人民银行天津分行的指导下,中国银联天津分公司联合天津银行及具有创新开发能力的行业服务方趣街(天津)科技有限公司共同打造"小二生活"平台产品。2019年12月,三方签订战略合作协议,汇聚各方资源,在各自专长领域内提供专业化服务,共同建设基于本地小微商家的支付场景金融生态圈。

三是突出一个"活"字,以内生循环作动力。人民银行天津分行重视激发"小二生活"平台产品的内生发展动力,着力布局新零售场景生态环境,鼓励各方通过线上线下资源相互转化,有效为商户赋能,提高用户黏性,为金融机构引流,强调依靠内部动力保持该平台活跃度,摆脱以往过度依靠政策扶持、费用减免等外部刺激的发展方式,最终实现项目内生自循环发展。

"小二生活"平台产品自2019年12月投产上线以来,凭借其良好的C端体验、个性化的B端服务、灵活的营销形式等诸多优势得到众多商户和云闪付用户的认可。截至2020年4月初,"小二生活"平台入驻商户已达1.2万余家,累计服务用户11万余户,累计发生移动支付交易笔数234.6万笔。

三、下一步发展计划

2020年,"小二生活"平台产品合作各方将在现有产品的基础上大力开展"小二货架"、授信金融等方面产品的研发和融合,探索以供应链为切入点,授信经营贷产品为盈利点的共享、共赢的商业模式。同时,还将联合各合作方进一步完善产品科技服务能力,继续优化系统基础设施,支撑业务稳步发展,通过为生态圈各方提供系统服务、金融服务、收款服务、数据服务、营销服务、用户服务等一揽子解决方案,对实体中小微商户进行全面赋能,不断提升云闪付用户服务体验,深度经营生态圈,保障其稳定、高效运营,促进移动支付便民示范工程在天津更快更好发展。

第三章
P2P网络借贷

- 天津市P2P网络借贷专项整治情况
- 天津市P2P网络借贷发展情况
- 天津市P2P网络借贷面临的主要问题与挑战
- 天津市P2P网络借贷的发展建议

> **全国情况** >>>
>
> 据第三方统计机构数据，2019年，全国P2P网络借贷行业运营平台数量降幅显著。截至2019年底，全国正常运营的P2P网络借贷平台数量共343家，较上年同期减少678家，降幅为66.4%。
>
> 2019年，全国P2P网络借贷成交额为9 649.1亿元，较上年减少8 298.9亿元，降幅为46.2%；年末贷款余额下降至4 915.9亿元，同比下降37.7%。
>
> 2019年，全行业平均收益率约9.9%，比上年提高0.08个百分点；平均借款期限为15.4个月，比上年延长2.8个月；出借人数与借款人数分别约为726万人和1 156万人，分别同比下降45.4%和42.0%。

第一节　天津市P2P网络借贷专项整治情况

自2016年4月国务院互联网金融风险专项整治以来，天津市成立了由天津市金融局、原天津银监局共同牵头的天津市P2P网络借贷平台整治小组，成员包括人民银行天津分行、市市场监管委、市公安局、市网信办等二十一家单位。各单位协作配合，积极开展天津市P2P网络借贷风险专项整治工作。天津市P2P网络借贷风险专项整治工作主要分为四个阶段：

一是摸底排查阶段。2017年初，天津市P2P网络借贷平台整治小组联合市场监管、公安等多个部门，指导、组织、督促各区政府对辖内P2P网络借贷机构进行全面摸底排查，组成专项检查组对发现的机构逐一进行现场检查，完成甄别、定性和分类。

二是整改和处置阶段。指导各区对整改类机构提出了整改意见，明确整改最后期限。经过整顿和整改，最终剩余待验收机构，其余机构按照取缔程序予以处置。

三是现场检查验收阶段。成立天津市P2P网络借贷整改验收专班，对整改类机构逐一进行现场检查验收并出具验收结论。

四是P2P网络借贷整治扫尾阶段。明确P2P网络借贷风险整治工作以退出为主要工作方向，进一步加大取缔类P2P网络借贷机构风险处置工作力度，一企一策、一企一档做好取缔类机构分类处置和P2P网络借贷整治收口工作。除保留新希望慧农（天津）科技有限公司以外，其余都被纳入取缔类机构。建立了P2P网络借贷机构风险专项整治月报制度，在各区配合支持下持续开展数据监测，加强风险预警。

2019年3月14日，中国银保监会主席郭树清主持召开互联网金融和网络借贷风险专项整治专题会议，明确2019年是P2P网络借贷风险专项整治工作攻坚拔寨的关键之年，要充分把握时间节点，只争朝夕，在实现存量化解、机构转型等方面取得重要进展。要大幅压缩行业在线运营机构总数、业务总体规模、投资人数，确保每家P2P网络借贷机构投资者数量、业务规模及借款人数实现"三降"。要加大推进机构良性退出力度，通过机构分类转型等方式压缩存量。

天津市委市政府和天津银保监局、天津市金融局等有关部门坚决贯彻落实党中央、国务院有关工作部署，坚定持续、深入彻底推进网络借贷风险专项整治，各项工作取得显著成效。

一是存量风险大幅压缩。截至2019年底，天津市仅希望金融一家在营机构，其借贷余额、借款人次、出借人次均比年初大幅减少。

二是思想认识更加统一。天津市已明确了辖内所有P2P网络借贷机构的后续处置路径，不再保留此类业务。

三是P2P网络借贷引发的社会矛盾进一步缓和。金融知识普及见到成效，人民群众风险意识明显增强。公安部门尽一切力量追赃挽损，P2P网络借贷信访数量逐步下降，自2019年以来，天津市未出现大规模集中上访事件。

第二节　天津市P2P网络借贷发展情况

一、运营情况综述

2019年以来，天津市严格落实国家互联网金融风险专项整治相关政策精神，稳妥引导违规机构主动退出市场，依法打击和取缔违法机构，行业风险得到持续缓解，金融市场秩序得到有效维护。截至2019年底，天津市在运营P2P网络借贷机构仅为希望金融一家，P2P网络借贷余额下降至9.94亿元，借款参与人和出借参与人分别仅为1.44万人和5 925人，平均借款期限为6.91个月，平均收益率为8.24%，平台官网可正常访问数量维持在4家。

从天津市网络借贷市场总体情况看，呈现机构数量少、参与人数少、借款期限短、收益率低等特点。

一是机构数量少。截至2019年12月底，天津市P2P网络借贷机构总数136家，占全国P2P网络借贷机构总数（第三方机构统计数据）的2.05%；正常运营平台数量为1家，占全国P2P网络借贷机构总数的0.29%。根据第三方机构统计的相关数据，天津市在运营网络借贷机构数量在全国省份排名中仅为第21位。

二是参与人数少。截至2019年12月底，天津市P2P网络借贷机构借款参与人数为1.44万人，占全国同期P2P网络借贷行业总数（第三方机构统计）的1.21%；出借参与人数为5 925人，占全国同期P2P网络借贷行业总数的0.54%。

三是借款期限短、收益率低。2019年天津市P2P网络借贷行业平均借款期限为6.91个月，较全国P2P网络借贷行业平均借款期限（第三方机构统计数）缩短8.51个月；平均收益率为8.24%，较全国P2P网络借贷行业平均收益率减少1.65%。

从整体发展情况看，2019年前半年，国家监管政策依然以机构清退转型为主基调，对P2P网络借贷行业的监管侧重于机构运营数据的实时接入和信息披露等方面，为今后P2P网络借贷机构合规备案工作做准备。天津市P2P网络借贷行业在历经2018年的从严整治之后，在P2P网络借贷机构数量、借贷余额、参与人数等指标上逐步下降，行业逐步恢复平稳运行。下半年开始，国家监管政策进行了进一步细化，在引导机构退出和转型的同时，加大了P2P网络借贷行业征信领域系统的建设，并加大了对暴力催收、侵犯个人信息安全等问题的整顿力度。

二、主要发展指标运行态势

天津市互联网金融协会通过网络摸排和非现场调查相结合的方式，综合参考协会开发的"互联网金融舆情广告监测系统"及P2P网贷之家、P2P网贷天眼、千顺网、贷罗盘等第三方机构监测和披露的信息，对全市P2P 网络借贷行业运行情况进行了调研分析。2019年天津市网络借贷行业主要发展指标运行态势如下。

（一）在运营平台数量大幅下降

截至2019年底，天津市共有P2P网络借贷平台136家，其中，在运营网络借贷平台1家，占天津市网络借贷平台总数的0.74%，较年初减少6家。已停止运营平台达135家，占平台总数的99.26%。从全年发展情况看，全市在运营网络借贷平台数量由年初的7家减少到年末的1家，累计减少85.71%。受监管政策及其他因素影响，天津市在运营网络借贷平台在2019年4月出现快速下滑，累计减少3家，占全年减少在运营平台总数的50%。在以机构退出为主要方向的监管政策下，天津市全年无新增网络借贷平台（见图3-1）。

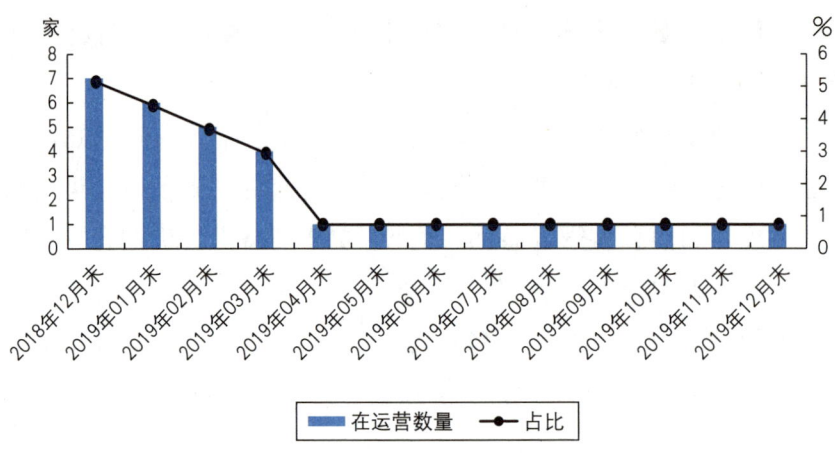

图 3-1　天津市在运营网络借贷平台数量

（资料来源：《天津市互联网金融发展报告》编委会整理）

（二）P2P网络借贷余额持续走低

截至2019年底，天津市在运营P2P网络借贷平台借贷余额（以下简称P2P网络借贷余额）为9.94亿元，较年初减少6.63亿元，累计下降40.01%。从全年发展情况看，天津市在运营网络借贷平台的P2P网络借贷余额在2019年4月出现大幅下降，主要原因是部分平台在国家监管政策下，采取主动退出或转型发展。4月开始，天津市P2P网络借贷余额呈缓慢下降趋势（见图3-2）。

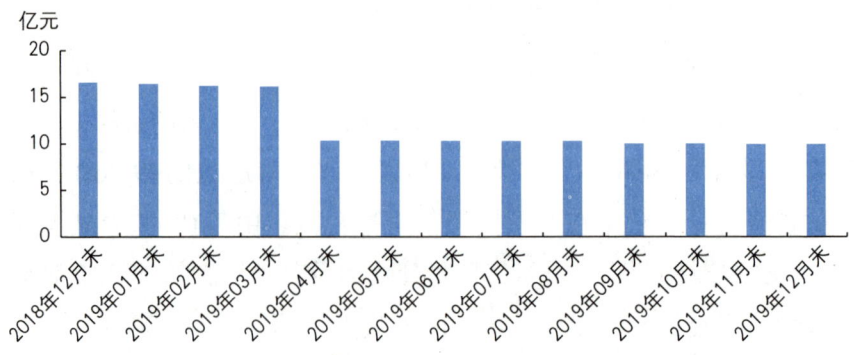

图 3-2　天津市网络借贷机构借贷金额变化情况

（资料来源：《天津市互联网金融发展报告》编委会整理）

（三）平台参与人数减少

截至2019年底，天津市网络借贷机构借款参与人为1.44万人，较年初减少9 512人，减幅为39.76%；出借参与人为5 725人，较年初减少4 515人，减幅为44.09%（见图3-3）。从全年变动情况看，借款参与人和出借参与人在4月均出现大幅下降，并在之后呈缓慢下降趋势。主要原因是在统计过程中，部分平台主动退出或转型，统计数据已剔除退出和转型平台相关数据。

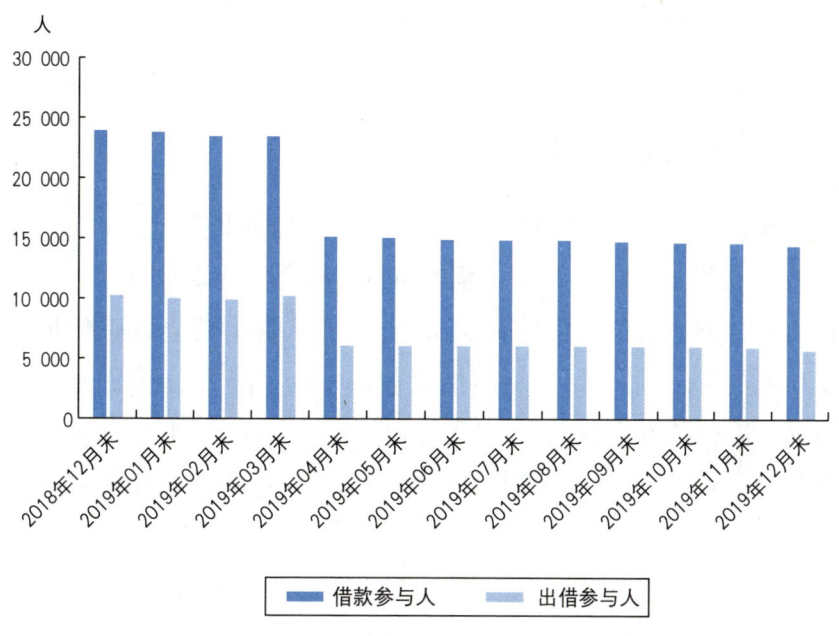

图3-3 天津市网络借贷机构参与人数情况

（资料来源：《天津市互联网金融发展报告》编委会整理）

（四）人均借款金额波动上升

截至2019年底，天津市网络借贷行业人均借款金额为6.9万元，较年初减少0.03万元，减幅0.44%。从全年变动情况看，前8个月人均借款金额先降后升，在8月末升到年初水平之后，在9月末降至全年最低（6.79万元），之后开始缓慢回升（见图3-4）。

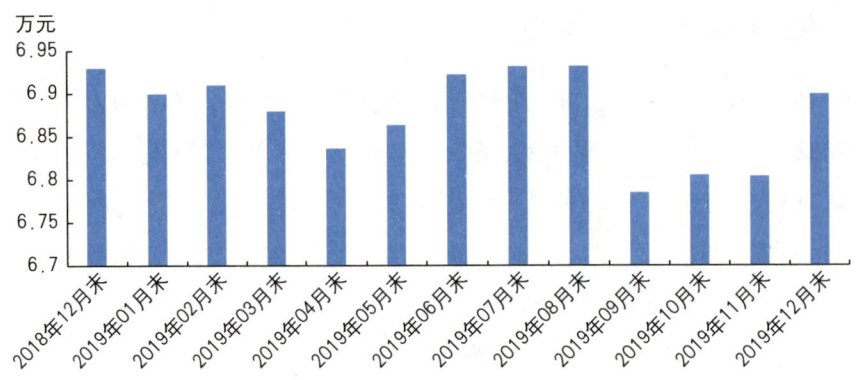

图3-4　天津市网络借贷机构人均借款金额

（资料来源：《天津市互联网金融发展报告》编委会整理）

（五）人均出借金额震荡上行

截至2019年底，天津市网络借贷行业人均出借金额为17.37万元，较年初增加1.18万元，增幅7.28%。从全年变动情况看，3月末人均出借金额达最低，为15.81万元；4~8月人均出借金额基本维持在16.9万元左右；9月开始人均出借金额在小幅下降之后缓慢回升至全年最高。综合各方原因来看，4月开始，天津市在运营P2P网络借贷机构仅为金融希望一家，出借人对该平台信心较为稳定（见图3-5）。

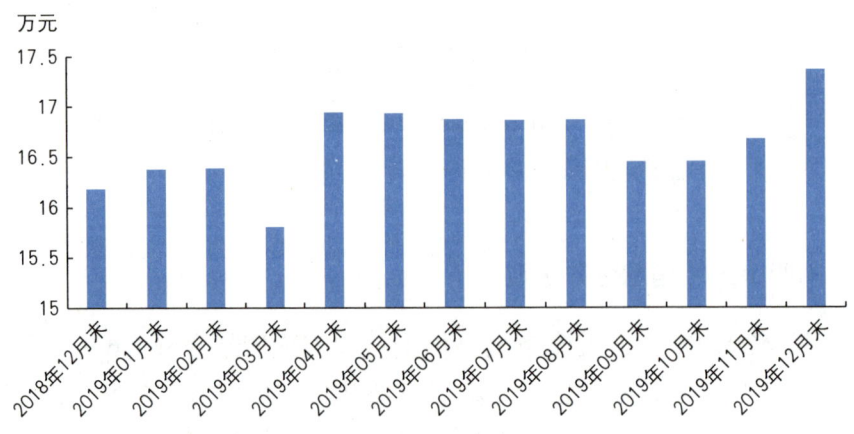

图3-5　天津市网络借贷机构人均出借金额

（资料来源：《天津市互联网金融发展报告》编委会整理）

（六）借款期限延长，平均收益率下降

截至2019年12月底，天津市网络借贷行业平均借款期限为7.46个月，较年初延长1.59个月，增长27.09%；平均收益率为7.28%，较年初下降3.52个百分点。从全年变动情况看，2019年上半年，平均借款期限较短，除2月、3月超过7个月之外，其余月份均处于6.5个月以内。下半年开始平均借款期限有所延长，除8月外，其余均维持在7个月以上；全年平均收益率除第一季度维持在11%左右，从第二季度开始至年末均降至7%左右（见图3-6）。

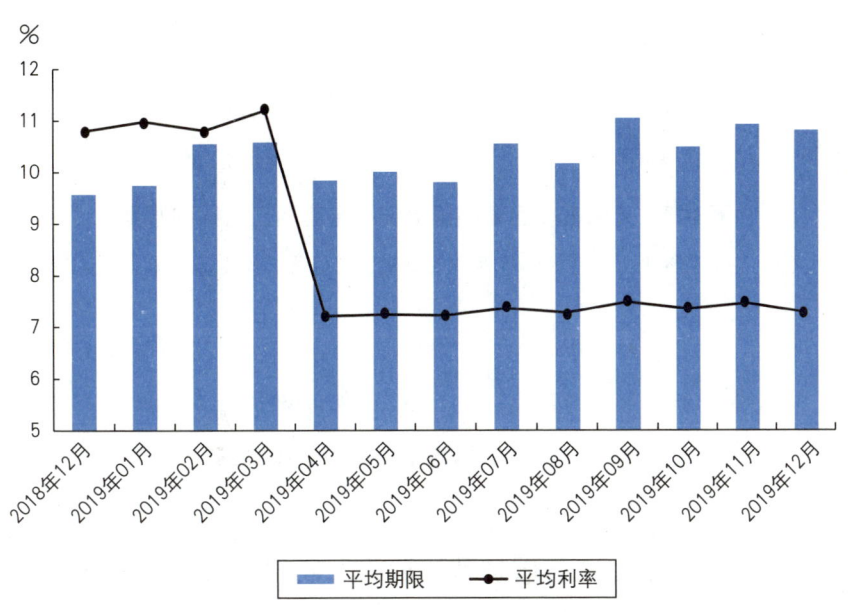

图3-6　天津市在运营网络借贷平台平均利率与期限

（资料来源：《天津市互联网金融发展报告》编委会整理）

（七）官网正常访问数量大幅下降

截至2019年底，天津市网络借贷平台官网能正常访问的有4家（分别为希望金融、优先贷、津融所和嘉e贷平台），较年初减少5家，降幅为55.56%。从全年变动情况看，5月官网访问数量变动较

大，从7月开始至年末官网访问数量一直保持在4家（见图3-7）。

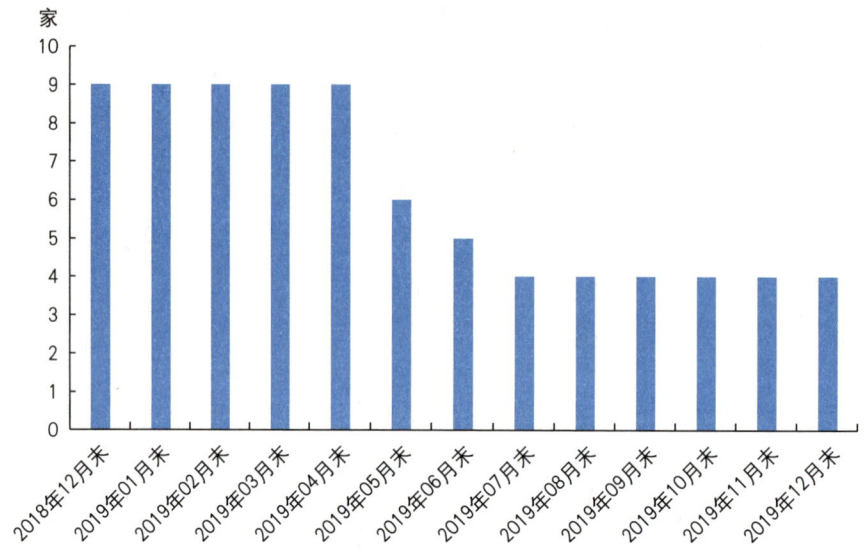

图3-7　天津市在运营网络借贷平台官网正常访问数量

（资料来源：《天津市互联网金融发展报告》编委会整理）

第三节　天津市P2P网络借贷面临的主要问题与挑战

虽然天津市P2P网络借贷整治取得了决定性进展，但在整治工作中仍有一些问题尚未根本解决。P2P网络借贷企业内控治理水平薄弱、专业化程度相对较低、风险控制能力弱。继续经营的P2P网络借贷机构如何在越来越严格的监管环境下健康规范发展，取缔机构如何无风险退出，已成为亟待解决的问题。

一、合规问题成为P2P网络借贷行业面临的首要挑战

目前P2P网络借贷行业已建立起了"1+3"的制度框架（"一

个办法三个指引"：《网络借贷信息中介机构业务活动管理暂行办法》，《网络借贷资金存管业务指引》《网络借贷信息中介机构业务活动信息披露指引》《网络借贷信息中介机构备案登记管理指引》）。中国互联网金融协会制定的《互联网金融信息披露个体网络借贷》标准（T/NIFA 1—2016）和《中国互联网金融协会信息披露自律管理规范》也为行业进一步规范发展奠定了行业规范基础，标志着互联网金融行业进入"有法可依"的时代。这些监管政策落地可行，已初步经过实践检验并兼具中国特色。在P2P的监管体系中，中国银保监会（原中国银监会）负责制定政策，各省（直辖市、自治区）地方金融管理部门负责机构监管和风险处置，"类双峰"的监管体系初步建成。2016年4月开始的互联网金融风险专项整治工作已经推进到整改验收关键时期，P2P网络借贷机构能否按照"1+3"的制度办法对业务模式、借款限额管理、资金存管、风险管理、履行对出借人和借款人的保护义务、信息披露等方面进行有效整改，成为P2P网络借贷机构发展面临的生死考验。

二、风险管理简单化，有效的内控机制尚未建立

目前，大部分P2P网络借贷平台风险控制手段仅仅停留在线下征信、引入第三方担保机制、提取风险金等相对单一的措施，尚未建立起风险的量化指标体系和风险的动态评估系统。由于P2P网络借贷尚处于行业的起步阶段，采用的风险管理手段简单化、零散化，缺乏更多系统、科学的风险管控方法。只有建立在完善的公司治理基础上的具备严密的内控组织、独立的业务部门、清晰的职能分工、完善的会计控制体系、严格的授权审批制度、合理的业务集合制度、有效的员工管理制度及先进的信息化管理系统的内部控制机制，才是一个有效的内部控制机制。目前，天津市辖内的P2P网络借贷平台显然不具备。

三、IT系统不牢靠，信息安全保障不足

目前，很多从事P2P行业的投资者、管理者及从业者既不是来自金融机构，也不是来自互联网行业，没有自身的核心技术力量及风险管控能力。而在互联网中，存在着大量的不可知的因素，这就使其中信息有可能被泄露，对此，天津市辖内P2P网络借贷机构还缺乏有效的防范手段。

四、信用体系不健全，市场环境不完善

由于尚未建立统一信息查询和审核系统，各P2P网络借贷平台借贷信息无法互通，既影响贷款效率，也影响贷款质量，甚至导致一人多贷、注册多账号来骗取贷款的情况时有发生。随着《征信业管理条例》颁布，中国人民银行已将小额贷款公司与融资性担保公司纳入其完善征信系统的监管对象中。但是，P2P网络借贷并没有被纳入监管范畴。相对于国外成熟的网络信贷纯中介平台模式而言，由于规则缺失，国内迅速发展起来的P2P网络借贷平台为了吸引投资者，无原则无底线地对投资者承诺资金安全，且不论P2P网络借贷平台自身是否具有担保的资格。即便P2P网络借贷平台引入第三方担保，也可能出现因杠杆过高和相互关联导致风险暴露和损失。

五、取缔类机构清理退出难度加大

停业机构处置任务仍然巨大，"退而不清""退而难清"问题突出，公安立案的机构"案结事了"尚需时日。机构转型还需进一步推动，部分机构转型意愿不强或难以达到转型要求。信访维稳面临较大的反弹压力，随着清理工作的深入，投资人维权挽损诉求愈加强烈，发生规模性群访、集访风险依然较大。

第四节　天津市P2P网络借贷的发展建议

一、加快解决P2P网络借贷平台借款逾期情况

2019年9月初，互联网金融风险专项整治工作领导小组、网络借贷风险专项整治工作领导小组联合下发《关于加强P2P网络借贷领域征信体系建设的通知》，提出要持续开展对已退出经营的P2P网络借贷机构相关恶意逃废债行为的打击，同时将加大对P2P网络借贷机构失信人惩戒力度。建议监管部门加快出台打击逃废债行为相关的法律法规及合法催收相关规范性文件来进行款项催收；建议P2P网络借贷机构维持平台正常还款渠道和合法催收流程，并做好投资人情绪安抚工作。

二、加快推进P2P网络借贷监管长效机制

一是加快完成在运营及退出P2P机构存量业务的采集和记录工作，真实完整地反映借贷主体的信用状况，将失信主体纳入失信惩戒名单，实现P2P网络借贷领域信息全覆盖；二是根据行业发展现状，更新完善P2P网络借贷领域监管规则，并推动监管规则落地；三是制定完善P2P网络借贷标准，整合监管部门、行业协会、研究机构、从业机构的力量，加速推进标准化进程。

三、引导P2P网络借贷行业转型发展

2019年，互联网金融整治办和P2P网贷整治办印发《关于网络借贷信息中介机构转型为小额贷款公司试点的指导意见》，引导部分符合条件的P2P网络借贷机构转型为小额贷款公司。P2P网络借贷机

构也可结合自身优势,加强与传统持牌金融机构合作,为其提供产品导流,或与其开展助贷业务等。

四、做好出借人风险教育工作

出借人是P2P网络借贷行业发展的关键,保证出借人资金安全,合理规范出借行为,维护出借人合法权益,才能使P2P网络借贷行业可持续发展。在当前互联网金融行业合规发展的同时,加强合理宣传引导和金融知识普及教育,提高出借人认知风险、规避风险的能力,对于出借人出借资金的合理把控和互联网金融行业的可持续发展起到至关重要的作用。

第四章
互联网直销银行

- 天津市互联网直销银行发展情况
- 天津市互联网直销银行面临的主要问题与挑战
- 天津市互联网直销银行的发展趋势与展望

> **全国情况** >>>
>
> 据统计,截至2019年底,我国直销银行数量为116家(不包括微众银行等互联网银行)。其中,城市商业银行是直销银行的主力军,目前共有70家城市商业银行直销银行上线运营,农村商业银行或农信社直销银行共有32家,全国性股份制银行直销银行达到8家,其他直销银行(包括大型国有商业银行、民营银行和外资银行等旗下直销银行)共6家。直销银行上架产品主要有货币基金产品、存款产品、理财产品。116家直销银行中,有86家销售货币基金产品,55家销售存款产品,77家销售理财产品。

第一节 天津市互联网直销银行发展情况

截至2019年底,天津市辖内已有渤海银行、金城银行、天津农商银行3家法人银行机构开展了直销相关业务,民生银行总行的部分直销业务在民生银行天津分行落地开展。根据银行自身的经营特点和市场客户需求,4家银行开发了各有特色的互联网直销业务模式。

一、渤海银行发起设立天津第一个专营互联网直销银行

2015年4月20日,渤海银行发起设立天津第一个法人银行的互联网直销业务。截至目前,渤海银行直销业务提供的服务包含存款、货币基金、理财、直销基金等。

2019年,渤海银行天津分行直销业务注册用户数从1月的175 178人上升到年末的183 110人,同比增长4.53%,较2018年增幅下降13.37个百分点,月平均新增注册用户661人;活跃用户从1月的32 739人下降到12月的32 189人,降低1.68%,月平均减少活跃用户

46人（见图4-1）。注册用户数的增加反映出渤海银行天津分行直销业务持续发展，但注册用户增幅大幅度降低且活跃用户下降说明该行直销业务热度有所下降。

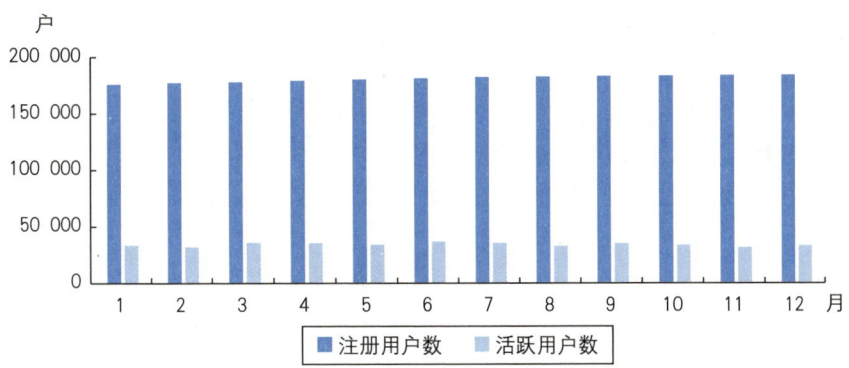

图4-1　2019年渤海银行直销银行注册用户数和活跃用户数

（资料来源：《天津市互联网金融发展报告》编委会整理）

2019年，渤海银行直销银行的存款余额和理财产品余额均呈现波动上升趋势。渤海银行直销银行存款余额由1.94亿元下降为1.17亿元，同比减少36.69%，定期存款和活期存款规模分别为0.45亿元和0.72亿元；理财产品余额由58.65亿元下降为14.86亿元，同比减少74.66%（见图4-2）。

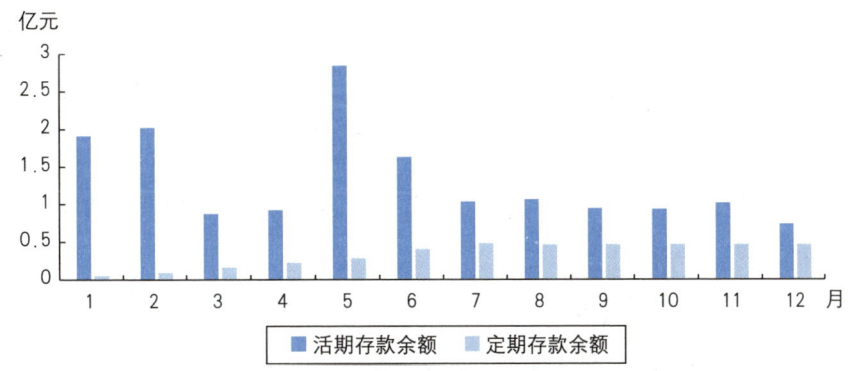

图4-2　2019年渤海银行直销银行存款规模

（资料来源：《天津市互联网金融发展报告》编委会整理）

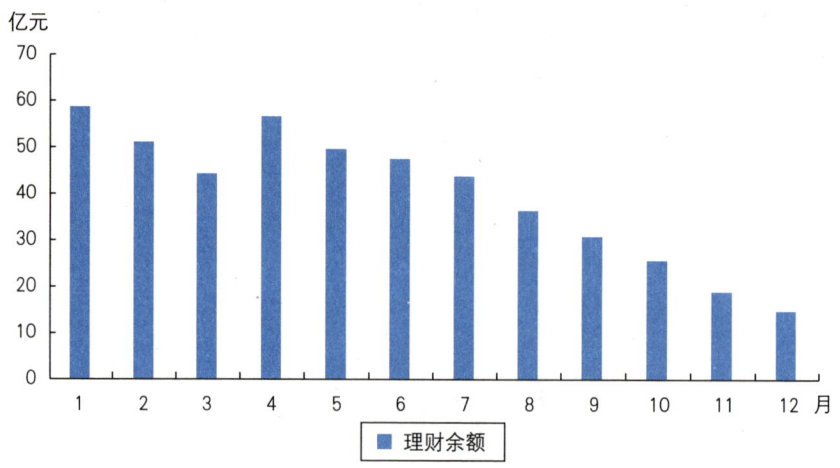

图4-3　2019年渤海银行直销银行理财产品余额

（资料来源：《天津市互联网金融发展报告》编委会整理）

二、天津农商银行积极拓宽互联网直销业务场景

2016年5月，天津农商银行"吉祥生活"App上线运营。该App是一款一站式生活服务平台类App。2019年，"吉祥生活"App在原有传统线上缴费项目（水、电、燃、暖、话费、流量、交通罚款）的基础之上，不断拓展服务宽度，针对学校、物业等收费难的固定场景，推出"校e捷"和"吉e付"两款代收付业务，实现线上收付费。

截至2019年12月底，该行"校e捷"产品接入164家校园机构，累计交易笔数9.89万笔，累计交易金额3 724.3万元；"吉e付"产品累计交易笔数2.2万笔，累计交易金额1 071万元，涵盖物业、学校、供热、商贸租赁等行业。

2019年，"吉祥生活"App注册用户数从1月末的1 523 939增加至12月末的2 069 252，同比增长35.78%；但活跃用户数量从1月末的13 541人降至12月末的8 496人，降幅达37.26%，呈现先增后减的整体态势（见图4-4和图4-5）。

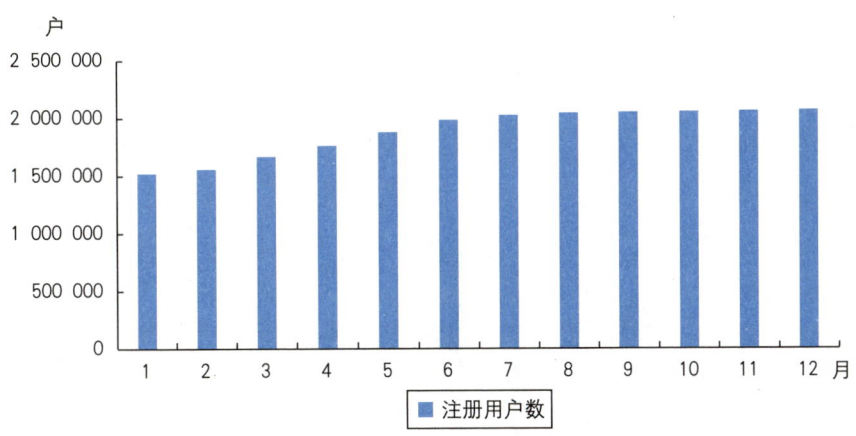

图4-4　2019年"吉祥生活"新增注册用户数

（资料来源：《天津市互联网金融发展报告》编委会整理）

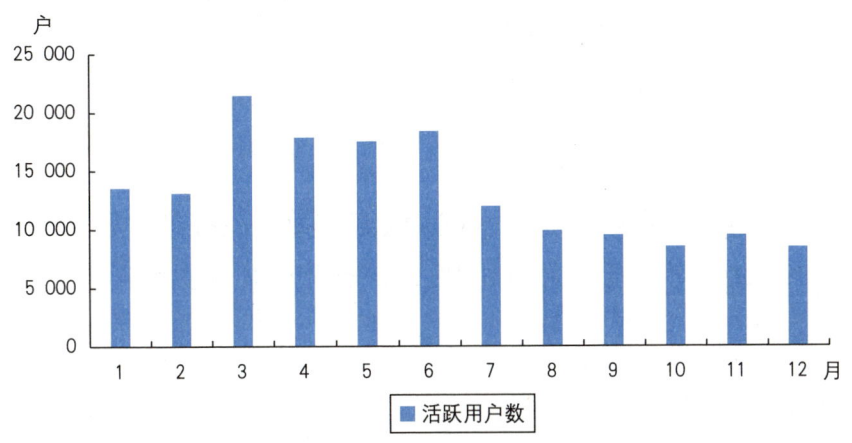

图4-5　2019年"吉祥生活"活跃用户数

（资料来源：《天津市互联网金融发展报告》编委会整理）

2019年，"吉祥生活"App定期存款呈现先增后降的整体态势，全年来看定期存款余额从1月的0.31亿元降至12月的0.17亿元，降幅为45.96%；活期存款上半年稳中有升，从1.01亿元升至1.25亿元，7月突降至0.42亿元，下半年呈波动态势，全年来看活期存款从1月的1.01亿元降至12月的0.43亿元，降幅57.66%（见图4-6），原因在于天津农商银行进行直销业务调整,整合多个App后"吉祥生活"存量客户迁移至整合后的App统筹管理。

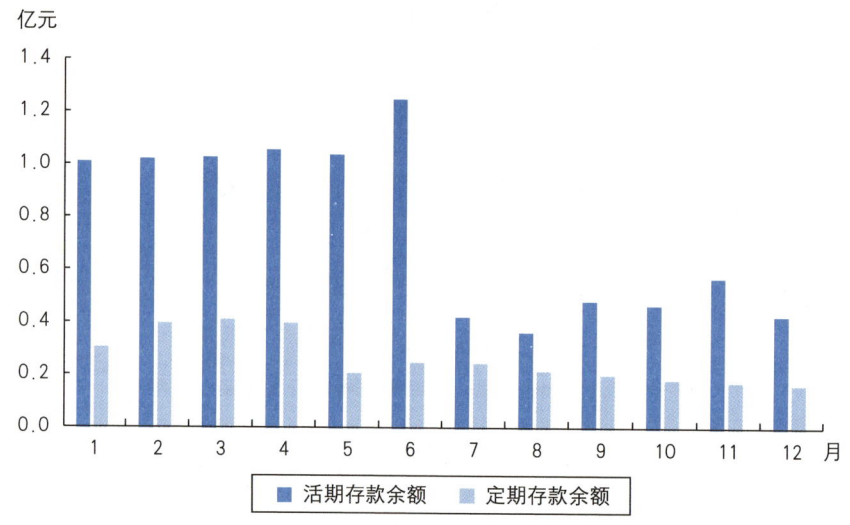

图4-6 2019年"吉祥生活"存款规模

(资料来源:《天津市互联网金融发展报告》编委会整理)

2019年,"吉祥生活"App理财余额呈现波动态势,全年来看从1月的2.52亿元增长至12月的2.77亿元,增幅9.88%(见图4-7)。

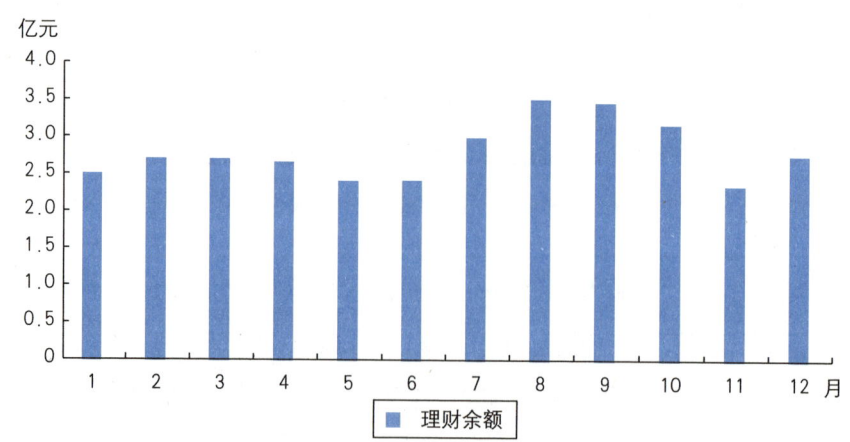

图4-7 2019年渤海银行直销银行存款规模

(资料来源:《天津市互联网金融发展报告》编委会整理)

三、金城银行初步探索存、贷类互联网直销业务

2019年，金城银行客户端上线，开立该行电子账户后，个人用户可以购买金慧存系列存款产品，中小企业主也可根据税额申请按日计息、随借随还的金税贷贷款产品。

金城银行互联网直销银行业务正处于起步探索阶段，截至2019年底，金城银行客户端注册用户达1 420人，活跃用户353人，定期存款1 677.88万元，活期存款146.89万元。

四、民生银行天津分行依托总行产品开展互联网直销业务

2014年2月28日，民生银行总行打造了国内首个直销银行产品，围绕"存、投、贷、付"的全品类线上金融服务体系。2019年，民生银行总行基于"3.0开放式综合金融云"服务平台，推出了涵盖员工福利计划、会员钱包计划、分销增值计划在内的"集团钱包生态系统"。

2019年，民生银行天津分行落地开展了分销增值计划业务，这是民生直销银行面向供应链上游（核心企业）免费提供"分销管理+支付结算+平台赋能"的一种新型管理产品，可以优化财务管理、支付结算流程，提升财务管理效率，加快资金流动速度。截至2019年底，共有4家核心企业在民生银行天津分行办理分销增值计划业务。

第二节　天津市互联网直销银行面临的主要问题与挑战

一、互联网直销银行获客渠道拓展难度较大

互联网直销银行面向的客户群体较广，既能服务本行客户，也能服务他行客户，理论上能够对银行的客户拓展起到较大的积极作

用。但在实际运营中，互联网直销银行的客户拓展渠道多依赖原有的线下自有渠道，服务群体也多为本行存量客户，在非本行客户中进行业务拓展的难度较大。

其原因包括两个方面：一方面，客户在互联网直销银行开立银行Ⅱ类账户的过程中，由于天津市互联网直销银行鉴权渠道较单一，现有渠道非本行银行卡五要素鉴权通过率较低，造成没有本行卡的客户注册直销银行Ⅱ类账户的成功率较低；另一方面，天津市本土城市商业银行和农村商业银行的客户构成比例受业务范围、合作资源等因素的局限，直销银行业务的推广也因此受限。

二、互联网直销银行产品服务缺少特色

天津市互联网直销银行所提供的服务主要为金融产品销售，包括存款、货币基金、理财、直销基金、保险等。这些金融产品并没有体现出与其他渠道的差异，部分业务仅仅是直接将线下产品搬到线上销售，与本行电子银行、手机银行产品高度重合，成为电子银行产品的辅助销售渠道，没有体现出互联网直销银行的产品特色，难以发挥其自身优势。

三、个人结算账户管理的进一步规范为互联网直销银行发展带来挑战

2015年12月25日，中国人民银行出台了关于改进个人银行账户、加强账户管理的通知，将个人银行结算账户按照开户方式、开户渠道、账户功能和管理要求等要素，分为Ⅰ类账户、Ⅱ类账户和Ⅲ类账户。银行体系电子账户管理的不断完善为直销银行发展带来重大利好，但在实际业务中也为部分银行互联网直销银行发展带来挑战。

第一，天津市的银行均为中小银行，相比Ⅰ类与Ⅱ类账户可相

互认证的大型银行，中小银行的互联网直销银行账户认证流程相对烦琐，认证效率相对较低，可能导致部分客户流失。

第二，部分银行机构为丰富直销银行消费、支付场景，积极引进关乎民生缴费的业务品种，但由于Ⅱ类账户单日支付10 000元的限额，导致业务规模难以扩展。

第三，客户通过互联网直销银行贷款时，银行需将审核通过的授信资金注入客户直销银行Ⅱ类电子账户，该交易资金属于非绑定账户转入，受日累计存入额度限制，使该渠道的贷款规模受限。

第三节 天津市互联网直销银行的发展趋势与展望

一、互联网贷款将成为互联网直销银行新的业务增长点

近两年，互联网个人贷款市场在我国获得了快速发展，并在监管部门及一系列监管规则的引导下，逐渐走向制度化、规范化。天津市部分互联网直销银行将大力推动个人互联网贷款业务发展，采用先合作、后自营的模式开展业务，力争在短期内实现贷款规模快速增长，将个人互联网贷款业务打造成直销银行业务规模和利润的增长点。

二、互联网直销银行风控机制将得到进一步优化

互联网直销银行依托互联网平台开展业务，除了传统银行面临的信用风险、流动性风险等之外，还具有独特的风险特征，这就要求其风险管理策略和方式应加以调整和创新。天津市部分互联网直销银行将通过增加生物识别、设备指纹、数字签名等技术手段，提升自身风控能力；建立反欺诈风险预警系统，针对撞库、账户盗用、异常转账、异常登录、异常注册、异常缴费、薅羊毛等情况制

定风险规则，屏蔽交易风险，保障用户的金融财产安全。

三、互联网直销银行差异化发展模式将加速形成

模糊的客户定位和同质化的产品使现阶段互联网直销银行无法鲜明地展现自身特色，削弱了其竞争能力。天津市部分互联网直销银行将跳出传统银行的思维模式，加速制定互联网直销银行差异化发展方案。例如，部分互联网直销银行将重点推动基于消费场景的小额互联网贷款，特别是带有公益性、具备普惠特征的消费场景，在为客户提供融资服务的同时，提升产品社会效益；部分互联网直销银行将加大与第三方平台的合作力度，持续完善关乎民生的日常缴费业务品种或生活服务场景，为用户提供一站式的金融生活服务。

四、外资银行、民营银行和村镇银行应积极探索直销银行业务创新

直销银行作为互联网金融时代的产物，其队伍正在不断扩大。天津市两家外资银行、1家民营银行和13家村镇银行应积极探索互联网直销银行业务创新，突破在物理网点上的短板，扩大服务范围和效率。外资银行设立直销银行应充分学习和借鉴同行业好的经验做法，运用移动互联技术，深入挖掘客户全球化的金融和生活需求，提供更多元的服务；民营银行和村镇银行应充分利用其一级法人机构决策链短、灵活快捷的优势不断创新，积极发挥服务中小、服务"三农"的市场定位，用创新思维打造属于自己风格、特色的精品直销银行产品，在竞争日益激烈的金融行业里谋求一席发展空间。

第五章
互联网证券

- 天津市互联网证券发展情况
- 天津市互联网证券面临的主要问题与挑战
- 天津市互联网证券的发展趋势与展望

全国情况 >>>

2019年，受中美贸易摩擦等因素影响，A股波动较大，但整体上涨，市场交易活跃度提升，证券公司收入实现大幅增长。据统计，2019年证券公司实现营业收入3 604.83亿元，当期实现净利润1 230.95亿元，同比分别增长35.37%和84.77%。

多家上市证券公司在2019年年报中着重强调了对金融科技与信息化的重视和规划。绝大多数证券公司的信息技术投入金额都在增加，且投入金额均超亿元。其中，自营App作为证券公司提供证券经纪、财富管理服务的重要渠道，已成为各证券公司实施创新的重要着力点。2019年，多家证券公司充分利用大数据、人工智能等技术，对其自营App进行了主要功能与用户体验的多次迭代升级，App用户活跃度有明显提升。

第一节 天津市互联网证券发展情况

截至2019年底，注册在天津市的证券机构仅有渤海证券一家，本报告所采集的数据及引用的案例主要为渤海证券的相关情况。

一、网上开户数占比持续提高

受市场环境向好、互联网业务功能优化、营销力度提升的影响，2019年渤海银行总体开户数较2018年实现大幅度增长。2019年，渤海证券新增开户数为35 906户，其中互联网开户数为35 572户，同比增长283.53%。互联网开户数占比为99.07%，同比增长3.23个百分点（见图5-1）。

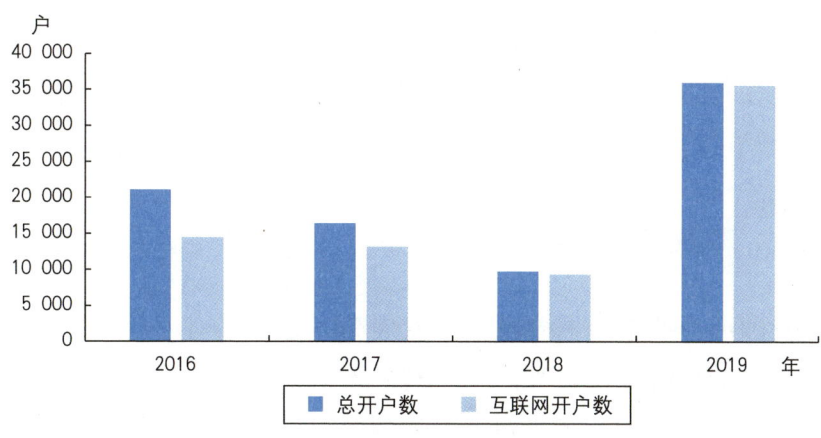

图5-1　渤海证券开户情况

（资料来源：渤海证券）

二、互联网金融商城理财产品销售规模进一步提升

互联网金融商城理财产品，主要是渤海证券通过公司金融商城销售的理财产品，包括渤海证券自身发行的收益凭证以及代销的信托、公募基金等产品。2019年，渤海证券互联网金融商城累计销售各类金融产品10.27亿元，与2018年总体规模相当（见图5-2）。

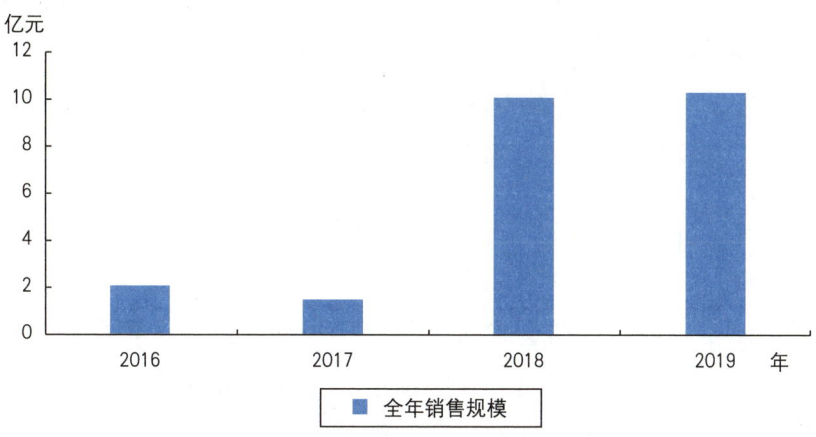

图5-2　渤海证券互联网金融商城累计销售规模

（资料来源：渤海证券）

第二节　天津市互联网证券面临的主要问题与挑战

一、需从战略发展的高度提高对证券科技的重视程度

我国证券业迫切需要从战略发展高度，提高对证券科技的重视程度，深刻理解证券科技的创新与进步对经济生态、人文生态、金融生态的深远影响，紧紧跟上以大数据、云计算、人工智能和区块链为代表的新一轮信息科技变革的历史机遇，把深化新兴科技运用作为高质量发展的第一生产力，积极开发运用证券科技，提高证券科技应用水平，提高系统集成自主性，加强信息技术领域布局，提高证券科技产业链相应环节的能力，形成创新驱动发展新格局。

二、证券公司盈利模式有待转变

当前，证券经纪业务仍是证券公司的主要盈利来源，财务顾问、投资咨询、资产管理等其他业务规模则相对较小。现有盈利模式将为证券公司带来两方面的压力：一方面，证券经纪业务情况依赖于市场状况，这使证券公司难以抵抗系统风险；另一方面，行业经纪业务平均佣金率持续下降，由2018年的0.0376%下降为2019年的0.0349%，证券公司经纪业务的盈利空间被不断压缩。

三、行业竞争愈加激烈

2018年，中国证监会发布《外商投资证券公司管理办法》，允许外资控股合资证券公司进入中国市场。2019年，中瑞银由合资证券公司转化为外资控股证券公司，野村东方国际证券、摩根大通证券（中国）先后获得证券业务许可证，除此之外，还有多家申请控

股或新设券商的外资机构。在此背景下,原有证券公司的市场份额将被瓜分,行业竞争格局将被改变。

四、中小证券公司发展压力增加

渤海证券属于中小型证券公司,相比大型证券公司,中小型证券公司面临更大的发展压力,主要原因包括:一是在科技创新方面,中小证券公司受到技术能力和资金实力的限制,创新能力相对较弱,在竞争中缺少先发优势[①];二是行业重资产驱动业务比重增加,资产规模相对较小的证券公司劣势将更加明显;三是政策利好国有大型头部证券公司,推动打造航母级证券公司,中小证券公司与其差距将进一步增大。

第三节 天津市互联网证券的发展趋势与展望

一、金融科技带来证券行业监管方式的转变

近年来,在金融科技重塑证券业格局的大背景下,证券业监管科技建设也在持续推动中。2018年,中国证监会正式印发《中国证监会监管科技总体建设方案》,提出了监管科技建设的意义、原则和目标,明确了监管科技1.0、2.0、3.0各类信息化建设工作需求和工作内容,完成了监管科技建设工作的顶层设计。2019年底,中国证监会科技监管局成立,在整合、打通、统一现有各信息系统,建立统一的大数据监管体系方面发挥重要作用。

---

① 根据中国证券业协会2019年的统计数据,渤海证券信息技术投入为9 726万元,低于行业平均水平。

二、金融科技带来证券公司盈利模式的转变

证券公司正在努力推进金融科技在财富管理体系的深度应用。通过金融科技与财富管理双轮驱动，让高效、低成本服务长尾客户成为可能。在标准化投资顾问服务方面，智能投顾可以形成对人工服务的有效替代，自媒体和云端服务使投资顾问保持随时在线。随着散户机构化进程加快，量化投资成为发展趋势，证券公司将从以牌照为中心向以服务为中心进行战略转型，通过科技赋能业务创新，带来业务盈利模式的全新转变。

三、金融科技带来证券公司服务模式的转变

随着证券行业对外开放的持续扩大、金融科技对金融行业的不断渗透，证券公司将从传统通道服务向全面财富管理业务和综合金融服务转型，证券公司的服务模式也必将被重构。通过App获取客户的各种行为数据和交易数据，通过移动CRM等实现对线下员工的强大支持，基于大数据和分析能力驱动的精准化，实现对线下线上的驱动和一体化运营，通过互联手段打造"线上＋线下"的新经纪模式，由单一产品智能进化到全平台智能，赋能分支机构和客户经理。依托大数据手段对客户信息进行收集分析开展智慧营销，基于客户行为触发组合营销模型实现服务产品的实时推送和办理，构建"端到端"精准传递的营销服务体系。随着技术的变革而强化服务手段，逐步实现效率提升、人力释放、服务升级的愿景。

第六章
互联网基金销售

- 天津市互联网基金销售发展情况
- 天津市互联网基金销售面临的主要问题与挑战
- 天津市互联网基金销售的发展趋势与展望

> **全国情况** >>>
>
> 2019年，在市场回暖、政策利好及基金公司加速创新的背景下，公募基金市场规模呈现大幅增长。截至2019年底，公募基金市场规模148 081亿元，较上年末增加17 734亿元，增幅为14%；新发规模创2015年以来新高，全年共成立基金1 041只，合计募集资金1.42万亿元，同比增长23%和61%。互联网销售仍是基金销售的主要渠道，销售规模占公募基金销售总额的80%以上。

第一节　天津市互联网基金销售发展情况

截至2019年底，注册地在天津市的公募基金管理公司仅有天弘基金管理有限公司一家，本报告采集的数据和引用的案例均为天弘基金的相关情况。

截至2019年底，天弘基金资产管理规模超过1万亿元，累计为公募持有人赚取收益2 186.1亿元，基金管理费收入37.3亿元[1]，均位居基金行业前列。

一、网上开户渠道以第三方网上渠道为主，互联网销售渠道以直销渠道为主

2019年以来，天弘基金新增网上开户数较上年同比大幅增加。除天弘余额宝外，天弘基金自营平台开户数量在网上开户数中占比较小，第三方网上渠道开户数占比逐年增加，仍是网上开户的主要渠道。

---

[1] 资料来源：天弘基金。

2019年，天弘基金通过互联网直销（含天弘余额宝）的总销售金额占全部渠道基金销售总额的绝对多数，但比重较2015年、2016年、2017年、2018年均有所下降，整体呈小幅下降趋势。截至目前，互联网销售仍然是天弘基金销售的主要渠道。

二、基金销售向非货币基金进行倾斜

长期以来，投资者接触的投资品种均以保本保收益的理财产品为主，习惯投资于刚性兑付产品，对净值化产品接受程度低。随着资管新规的深入实施，如何借助互联网基金销售渠道，推进净值化教育，引导投资者向非货币基金、权益基金进行转化显得尤为重要。

2019年，天弘基金响应"大力发展权益类基金，为证券市场提供稳定资金供给"的号召，针对天弘余额宝投资者进行权益投资和资产配置理念的普及和教育，并引导其采取以权益基金为主的非货币基金投资策略，与蚂蚁基金开展深入合作，在蚂蚁财富平台上开展"收益挑战赛"活动。截至2020年初，该活动共完成900万客户的理财进阶，保有销量76.7亿元。

三、天弘余额宝业绩依旧突出

受收益率下滑及天弘基金采取的限制性、引导性措施[①]影响，自2017年起，天弘余额宝的基金规模呈下降趋势。截至2019年底，天弘余额宝规模为1.09万亿元，同比下降3.45%[②]（见图6-1）。但截至2019年底，天弘余额宝是中国规模最大的货币基金。

---

① 采取下调申购限额、限制购买时间等限制性措施，以及普及权益投资理念等引导性措施。
② 资料来源：天弘余额宝年度报告。

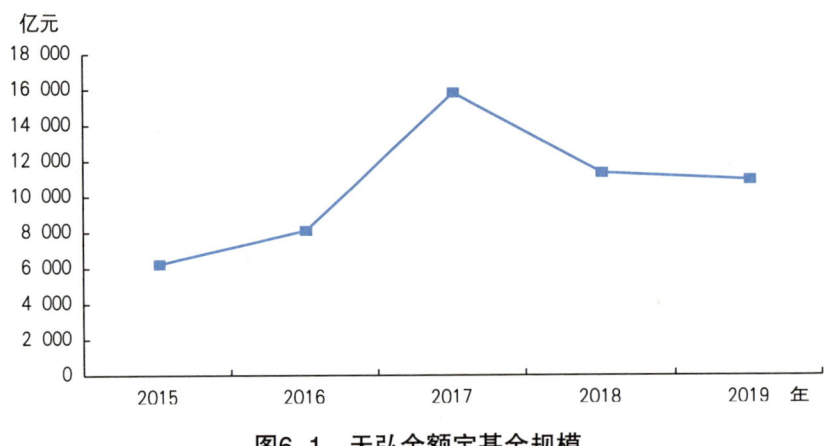

图6-1 天弘余额宝基金规模

（资料来源：天弘余额宝年度报告）

天弘余额宝持有人数保持逐年增加态势。截至2019年底，天弘余额宝持有人户数合计6.42亿户，较上年末新增0.54亿户，同比增长9.18%（见图6-2）。

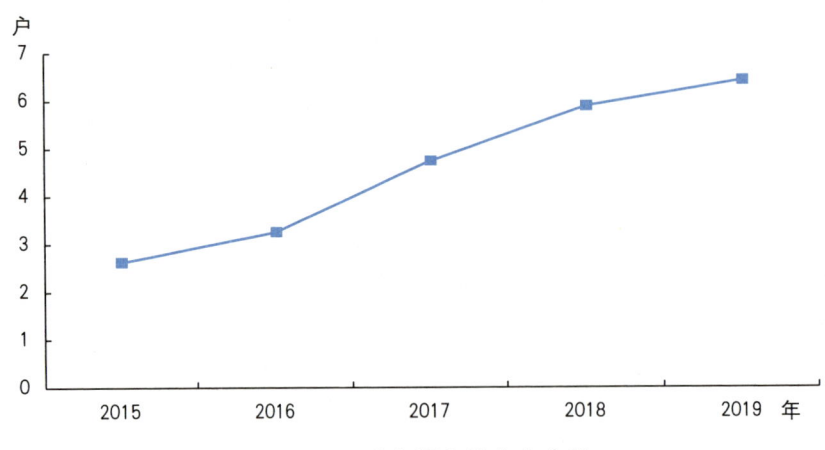

图6-2 天弘余额宝持有人户数

（资料来源：天弘余额宝年度报告）

天弘余额宝为天弘基金带来管理费收入31.49亿元，同比下降28.74%。天弘余额宝基金管理费收入占天弘基金管理费总收入的84.33%，较上年下降0.2个百分点（见图6-3）。

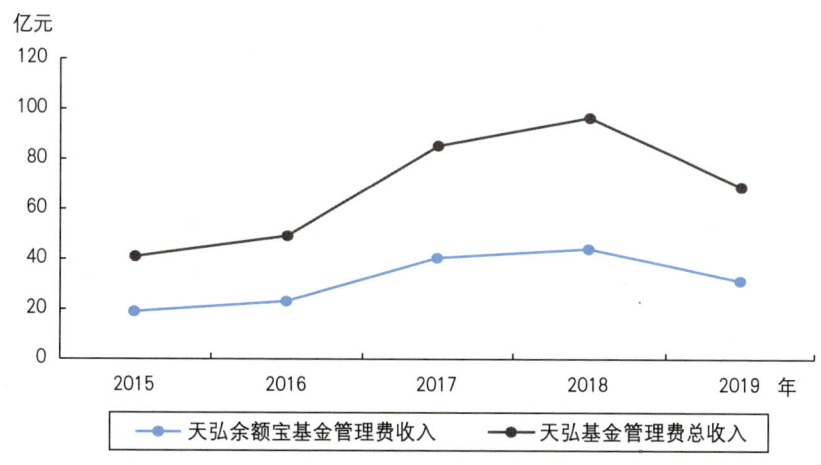

图6-3 天弘余额宝管理费收入

（资料来源：天弘余额宝年度报告）

第二节 天津市互联网基金销售面临的主要问题与挑战

一、互联网基金销售平台服务差异性较小

当前，互联网基金销售平台以提供简单快捷的销售服务为导向，但客户增值服务不足，且整体服务的同质化程度较高。虽然钱包账户、组合销售、策略定投等基本上是各互联网基金销售平台的标配，但这些都是功能性的基础设施，并未体现差异化的服务理念，在客户画像生成、资产诊断、投资顾问、专属的客户陪伴等相关领域仍有较大的提升空间。只有通过差异化服务，做到"人无我有""人有我精"，才能打破同质化的局面，获得竞争优势。

二、互联网基金销售规范性有待加强

随着互联网基金销售的快速发展，销售过程中不规范的情况

时有发生，主要体现在销售机构在适当性义务上履行不到位。部分机构出现为了销量弱化风险提示、未履行告知说明业务、适当性匹配要求等"擦边"或违规行为，对市场的良性发展造成障碍，也容易形成劣币驱逐良币的恶性循环。最高人民法院颁布的《第九次全国法院民商事审判工作会议纪要》（法〔2019〕254号）明确了适当性诉讼纠纷审判的基本原则，即"买者自负"的前提是"卖者尽责"，提高了对金融机构适当性履职要求。如果金融机构适当性履职不到位，就会承担相应的法律责任，甚至需要全部赔偿投资者的损失，这无疑对互联网基金销售在适当性履职、证据留痕等方面提出了新的挑战。

三、基金公司直销在互联网基金销售中处于弱势

在当前多渠道迸发的优势下，互联网基金销售市场呈现第三方平台的寡头格局，基金公司直销平台起步早，但成长慢。当前基金公司直销平台发展较为艰难，布局电商业务不仅成本较高且短期内无法见效：在流量上，价格越来越高；在品牌上，自上而下的品牌输出弱，多数基金公司的直销仍处于起步阶段，自身的渠道品牌缺乏市场吸引力；从投入上看，面临营销资源投入不足等困难。

第三节　天津市互联网基金销售的发展趋势与展望

一、互联网基金销售业务合规性进一步提高

近年来，涉及业务规则、投资者适当性管理、信息技术安全保护的监管政策陆续出台，互联网基金销售业务面临日趋严格的合规要求。在销售过程中一方面要适应激烈的市场竞争，另一方面也要

守住合规底线，践行投资者保护的责任。在互联网销售业务过程中充分履行合规职责，既能有效防范风险发生，也能取信于投资者，树立公司良好形象，提高市场地位。

二、互联网基金销售服务以提升"盈利体验"为导向

互联网基金销售，最先面对的是本身价值的问题，核心在于"盈利体验"，具体来说，就是提供用户良好的盈利体验与良好的金融服务。在变化的市场环境下，投资者行为很容易受到整体投资收益率的影响，只有为用户提供长期盈利体验，才能够产生长期的用户黏性。从基金公司的角度出发，提升自身的投研能力、提供业绩稳健可持续的金融产品、专属的投顾服务陪伴，是做好互联网基金销售的前提。

三、互联网基金销售服务向财富管理转型

目前，互联网基金销售平台以销售货币基金为主，热销产品类型有限，服务同质化程度高，投资者多元化的资产配置需求并未得到充分的发掘和满足。同时，应当关注到因市场波动、投资者判断受限，在产品切换决策过程中也会错失较好的获取收益机会。后期，行业在基金销售平台不断改进的过程中，应不仅满足于单纯的产品提供，还应更多地参与到用户的财富管理配置中来，充分发挥管理人的专业优势，为客户提供更多智能化的组合性资产配置服务和投资咨询服务，向互联网财富管理化的大趋势转型。

第七章
互联网消费金融

- 天津市互联网消费金融基本情况
- 从典型案例看天津市互联网消费金融发展情况
- 天津市互联网消费金融面临的主要问题与挑战
- 天津市互联网消费金融的发展趋势与展望

> **全国情况** >>>
>
> 随着移动互联网场景的不断扩展、居民消费习惯的改变和线上消费渗透率的不断提高,以及大量、多元的市场主体的积极涌入,互联网消费金融市场规模不断扩大。据第三方机构统计,2019年,中国消费金融公司资产规模达4 988.07亿元,较上年增长28.67%,贷款余额为4 722.93亿元,较上年增长30.50%。

第一节　天津市互联网消费金融基本情况

近年来,我国互联网消费金融发展迅速,在大众消费者中的普及率不断提升。其中,花呗、借呗和京东白条的表现尤为突出,在天津的认知率均达93%以上,使用率均超过40%,明显高于其他市场主体的认知度和使用率。

表7-1　消费者对消费金融各主要品牌的认知与使用情况

公司类型	品牌	认知度		过去一年使用率	
		全国总体	天津	全国总体	天津
基数:大众消费者		N=1500	N=33	N=1 500	N=33
持牌消费金融	捷信消费金融	69%	80%	12%	12%
	招联消费金融	70%	70%	14%	9%
	马上消费金融	61%	58%	11%	10%
	苏宁消费金融	84%	86%	15%	19%
互联网金融	花呗	98%	96%	76%	74%
	借呗	97%	93%	55%	40%
	京东白条	95%	93%	55%	41%
	微粒贷	81%	78%	17%	21%
	百度有钱花	79%	78%	16%	16%

续表

公司类型	品牌	认知度		过去一年使用率	
		全国总体	天津	全国总体	天津
P2P	宜人贷	82%	87%	17%	10%

资料来源：捷信与益普索市场调研公司合作的某个在线市场调研项目（执行时间为2019年11月）。

注：1. 认知度指知道相关消费金融公司的消费者人数占总受访人数的比例。

2. 过去一年使用率指在过去一年内使用过相关金融公司的消费者人数占总受访人数的比例。

在捷信消费金融公司[①]的用户中，花呗的表现同样最佳，其认知度与使用率在全国及天津均排名第一，远高于其他。同属蚂蚁金服旗下的借呗排名第二，认知度也较高，但使用率则与花呗存在较大差距。

表7-2　　各互联网消费金融产品的认知与使用情况

品牌	2019年				2018年			
	认知度		过去6个月使用率		认知度		过去6个月使用率	
	全国总体	天津	全国总体	天津	全国总体	天津	全国总体	天津
基数：捷信客户	N=1 640	N=24*	N=1 640	N=24*	N=1 696	N=20*	N=1 696	N=20*
花呗	90%	88%	68%	50%	83%	100%	51%	60%
借呗	71%	71%	13%	21%	78%	96%	14%	16%
京东白条	47%	50%	4%	8%	39%	60%	2%	2%
微粒贷	41%	46%	3%	4%	37%	34%	2%	0%

资料来源：2018年数据来自2018年全年捷信用户满意度调研项目（项目执行时间为2018年7月和2019年1月）、2019年数据来自2019年全年捷信用户满意度调研项目（项目执行时间为2019年7月和2020年1月）。

注：1. 认知度指知道相关消费金融公司的消费者人数占总受访人数的比例。

2. 过去6个月使用率指在在过去6个月内在相关公司有过消费记录的消费者人数占总受访人数的比例。

3. 曾经使用率指曾经在相关公司有过消费记录的消费者人数占总受访人数的比例。

4. *代表样本量少于30，数据仅供参考。

---

① 天津唯一一家持牌消费金融公司。

第二节 从典型案例看天津市互联网消费金融发展情况

天津市互联网消费金融从业机构可以分为四类：一是商业银行，通过App提供互联网消费贷款；二是持牌消费金融公司，通过App或与线上商家合作提供消费金融服务；三是行业巨头旗下的互联网金融公司，通过线上购物平台提供如京东白条、借呗等消费信贷服务；四是其他类型的企业，如P2P网络借贷平台等提供消费金融服务。现以捷信消费金融公司（以下称捷信）为例进行介绍。

近年来，捷信在综合考虑了线上客群特点、风控指标、获客成本和外部环境等多方面因素的基础上，对线上产品设计进行了重新调整，收窄并严格管控线上获客渠道，进一步加强客户身份识别和风险审核，以更好地实现风险控制和业务规模的良性发展。同时，捷信发挥线下渠道的布局优势，采取线上线下（O2O）相结合的方式进行获客与风控，以实现业务的整体稳定发展。

目前，捷信共有三款信贷产品通过互联网渠道办理，分别为捷信超贷（面向新客户的消费贷产品）、捷信惠购（循环额度产品，可满足消费者对于高频低额的日常消费场景的信贷需求）和捷信消费贷产品线上申请部分（面向现有客户的消费贷产品）。三款线上产品满足了消费者多样化的消费信贷需求，更由于审核快、授信灵活等特点满足了消费者的即时和潜在需求。同时，在消费场景上既涵盖了日常消费品类传统消费场景，也满足了家装、培训、旅游、健康等新兴消费领域的需求。公司在风险可控的前提下依据每款产品风险定价，积极稳妥地推进线上业务发展。

2019年，捷信在天津的业务发展势头较好，线上业务新增客户23 007人，同比增长726.4%；全年累计贷款金额超过28 633万元，同比增长389.8%（见图7-1）。

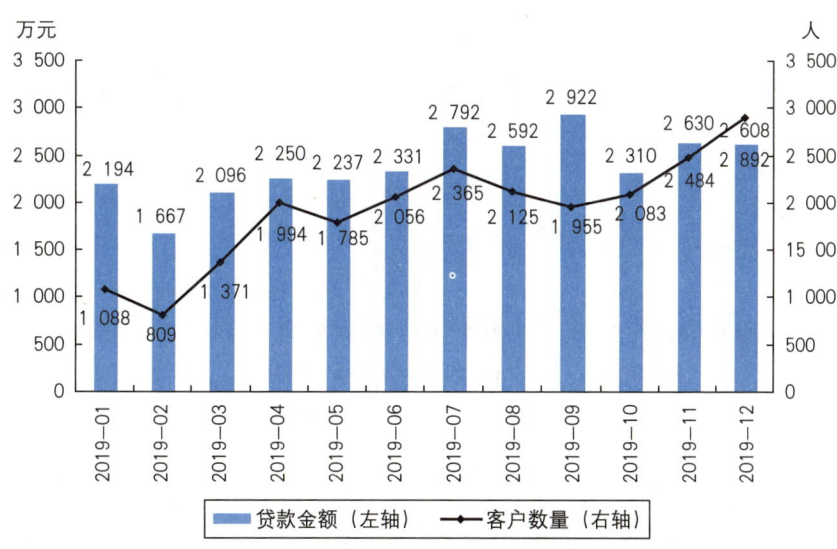

图7-1 捷信线上业务规模

（资料来源：捷信）

捷信的客户群体主要特征：客户集中为18~34岁的年轻人群，占全国用户总数的75%，占天津用户总数的71%，比重较上年分别增加6个百分点和-5个百分点；客户收入处于中低水平，月收入在6 000元以下的用户占全国用户总数的66%，占天津用户总数的75%，比重较上年分别增加10个百分点和11个百分点（见表7-3）。

表7-3　　　　　　　　　捷信线上平台用户特征

类别		全国总体	天津
年龄	18~34岁	75%	71%
	35~39岁	11%	13%
	40岁以上	14%	16%
个人月收入	小于3 000元	10%	9%
	3 001~6 000元	56%	66%
	6 001~10 000元	27%	21%
	10 000元以上	7%	4%

资料来源：捷信。

注：捷信线上平台用户指在2019年1~12月期间申请捷信线上贷款产品的消费者。

第三节　天津市互联网消费金融面临的主要问题与挑战

一、互联网消费金融市场有待进一步规范

在监管机制方面，互联网消费金融从业机构包括银行、消费金融公司、小额贷款公司、P2P网络借贷机构等，各类机构从事的业务相同，可对应的监管部门和监管规则却不同，易形成监管套利；从业机构行为方面，部分从业机构风控能力不强，合规意识不足，存在收取畸高息费、暴力催收等违规行为；消费者保护方面，消费者投诉举报渠道相对畅通，但多数情况下投诉举报效果不尽如人意，特别是畸高息费问题一般只能通过诉讼方式解决，维权成本较高；其他方面，存在不良中介以"只还本金""征信洗白""退息教程"等误导消费者、拖欠贷款的现象，造成消费者和从业机构损失。

二、互联网消费金融产品同质化严重

互联网消费金融产品同质化较为严重，差异多表现在综合利率上，在产品设计、消费场景方面大同小异。在产品设计上，互联网消费金融产品主要包括现金贷和消费分期贷款，均满足全流程线上化、放款快、还款方式灵活等特点；在消费场景方面，产品主要集中在3C（计算机、通信、消费电子）场景。互联网消费金融市场竞争呈现竞争主体多元化、竞争程度激烈化的特点，在电商类消费金融机构凭借场景优势、技术优势挤占大部分市场份额的情况下，产品雷同将导致市场竞争进一步加剧，其他消费金融机构的盈利空间将被进一步压缩。

三、互联网消费金融信用风险问题不容忽视

一是部分关键职能部门的数据孤岛仍旧存在、部分数据获取渠道合规性问题有待解决、数字风控技术仍需进一步探索，信息不对称问题尚无法完全消除；二是消费金融产品呈现同类、同质化，存在对同一客户的多头授信、重复授信问题；三是从业机构对消费贷款用途审查不严，存在贷款资金被挪用于股市、购房、理财、生产经营等领域的问题。上述问题均会在不同程度上增加信用风险，亟待解决。

第四节 天津市互联网消费金融的发展趋势与展望

一、互联网消费金融市场将逐步规范

未来，互联网消费金融领域的监管规则将不断细化，符合行业发展实际的长效监管机制将逐步建立，行业基础设施将持续完善，畸高息费、暴力催收、误导性宣传等行业乱象将得到有效治理，行业发展将更加健康有序。此外，互联网消费金融领域的消费者权益保护将受到更多关注，维权渠道将进一步畅通，维权方式将更加多元化，消费者合法权益将得到最大限度的保障。

二、产品与服务创新将成为从业机构提高竞争能力的抓手

面对激烈的市场竞争，互联网消费金融从业机构将更加重视产品与服务创新，实现产品与服务差异化，进而提升竞争能力。从业机构将持续拓展新的消费场景，在互联网消费金融业务所对应的消费群体呈现年轻化特征的情况下，消费场景的选择也将更多地贴合年轻群体的消费需求、消费习惯和消费理念。此外，从业机构也

将加速推进大数据、云计算、人工智能、生物识别等技术的创新应用，形成差异化的用户体验，获取竞争优势。

三、互联网消费金融发展前景广阔

近年来，随着互联网消费金融行业的快速发展及居民消费习惯的转变，我国消费金融市场规模大幅增加，2019年末已接近10万亿元。消费金融渗透率也出现明显提高，但与发达国家仍存在较大差距，消费金融市场仍有较大的发展空间。

2019年8月，国务院办公厅发布《关于加快发展流通促进商业消费的意见》（国办发〔2019〕42号），提出要加大商业消费的金融支持力度，鼓励金融机构创新消费信贷产品和服务，推动专业化消费金融组织发展，并加大对新消费领域的金融支持力度。政策支持将进一步推动消费金融的发展。

第二部分
互联网金融研究与实践

关于加强支付结算管理、防范电信网络新型违法犯罪的思考

中国人民银行天津分行　　王江峰　付永青

近年来，我国支付体系建设工作取得了举世瞩目的成就，支付业务快速增长，支付体系效率整体提升，有效地支撑了社会消费平稳增长，促进了我国经济高质量发展。但在支付体系跨越式发展过程中，利用银行账户、支付账户等从事电信网络新型违法犯罪的活动也搭上了发展快车。这些违法犯罪活动不仅给支付体系带来了安全隐患，也给人民群众带来了巨大的经济损失，损害了社会诚信与社会秩序。公安部数据显示，2015年，全国电信诈骗案件仅公安机关立案的就有59万多起，造成相关经济损失达222亿元，且案件数量以每年20%~30%的速度增长。

一、电信网络新型违法犯罪活动新特点

目前，电信网络新型违法犯罪活动的高发势头尚未从根本上得到有效遏制，不法分子的作案地点、涉案账户、作案手法等方面也出现了新情况、新问题。

（一）作案地点发生变化，从境内转移至境外

随着国内对电信网络诈骗活动打击力度的不断增加，在国内实施电信诈骗的难度越来越大，不法分子大多转移至境外。不法分子在境外远程实施，犯罪成本低，隐蔽性强，打击难度日益加大。

（二）涉案账户发生变化

随着打击防范力度的加大，不法分子转移资金使用的账户有

从个人账户向单位账户转移、从银行账户向支付账户转移的趋势。"3·26"特大贩卖银行卡和企业对公账户案中,专案抓获犯罪嫌疑人600多名,缴获银行卡11 000多张,企业对公账户1 800多个。虚假企业、虚假账户与第三方支付平台账户绑定,转移资金速度更快。以某某宝平台企业账户为例,每天每个账户和下属的10个子账户,可以转账2 200万元。

(三)作案手法发生变化

冒充公检法、重金求子、机票改签、短信诈骗等传统电信诈骗案件大幅下降。利用移动互联、人工智能、快捷支付等新技术及其管理上的漏洞,实施诈骗的案件日益增多。不法分子利用电信网络技术手段,作案手法不断翻新,呈现产业链化、高科技化、多渠道化发展趋势,已经形成包括窃取信息、买卖账户、科技支持、实施诈骗、洗钱销赃等分工明确的"黑色"产业链。

二、电信网络新型违法犯罪活动管理中存在的问题

(一)个人账户和对公账户买卖屡禁不绝

电信诈骗案件中,银行账户是犯罪分子转移犯罪所得赃款的主要工具。由于部分单位和个人法制观念淡薄,贪图小利,同时现行制度对买卖账户违规违法行为处罚较轻,造成账户买卖屡禁不绝。据统计,截至2018年底,全国银行卡在用发卡量75.97亿张,借记卡人均持卡5.46张,信用卡和借贷合一卡人均持卡0.49张[①]。从倒查涉案银行账户情况看,犯罪分子主要通过有组织的冒名开卡、买卖银行账户等方式获得大量银行账户。据了解,买卖账户的主要来源一

---

① 资料来源:中国人民银行《2018年支付体系运行总体情况》。

是不法分子利用农民工、大学生等特定群体不熟悉金融业务、个人信息保护意识不强等特点，以劳务费等为诱饵，批量购买其开立的个人账户；二是部分人员利用商事制度改革便利设立空壳公司，大量恶意注册企业后申请开立企业银行结算账户，随后将相关证照和账户信息出售牟利。

（二）银行和支付机构落实可疑交易监测机制不到位

电信诈骗案件中，不法分子在开立银行或支付账户、转账交易、取现等环节均存在明显特征，如某账户长期未使用，在发生小额测试交易后出现频繁或大额交易等。部分银行和支付机构对于当前电信诈骗案件资金交易特点掌握和认识还不够深入，可疑交易监测和风险交易识别工作不到位，未能对可疑交易进行有效核查或采取相应的限制措施。特别是在从事收单业务时，部分机构对商户交易特征与其真实经营内容、场景不符的情形未尽到审慎管理义务。部分银行和支付机构甚至存在根本没有建立可疑交易模型和交易监测规则等问题。

（三）快速查询止付机制不完善，效率较低

电信诈骗案件发生时，被害人将资金转移至目标账户后，犯罪分子再将涉案资金短时间内层层转移至个人银行、对公账户或支付账户，逃避公安部门打击。在此过程中，对涉案资金快速查询止付冻结方面还存在一些问题。一是部分银行和支付机构对防范电信诈骗工作重视程度不高，在查询权限、查询要求、反馈时间、数据格式等方面存在不足，对于查询止付指令处理不及时或显示查询失败，严重影响公安机关止付涉案资金；二是公安机关只能查询冻结，但无法止付第三方支付机构的支付账户；三是对公账户管理存在属地管理的问题，无法实现电子渠道或异地查询止付对公账户，也无法实施冻结支付，只能由公安机关前往开户行实地处理，造成对公账户查询止付出现滞缓，给犯罪分子资金转移提供了时间；四是对于成功冻结在第三方支付机构支付账户内的涉案资金，目前没有相应的法律法规文件等规定如何进行资金返还操作。

三、原因分析

（一）提升账户服务与加强风险防范顾此失彼

近年来，银行机构在强化账户服务方面做了很多有益尝试，推出了诸如在线开户、自助开户等便捷申请人开立账户的措施，人民银行也于2019年全面取消了企业银行账户的行政许可。这些措施的出台有效改善了申请人开户体验，客观上起到了便民利民的作用，但一定程度上也使银行机构放松了风险防范、客户实名制落实等有关要求，使开户环节存在漏洞。一是账户实名制落实不到位，落实"了解你的客户"原则不彻底。银行机构对于申请人开立账户目的和用途关注不够，对申请人职业、住址、经营特点、资金往来特征等基本情况不了解，使违规开户有了可乘之机。二是对公账户开立、管理存在漏洞，导致对公账户成为电信诈骗"新手段"。目前，随着商事登记制度改革，公司注册、营业执照的取得变得极为容易，对公账户的开立随之简单，利用对公账户转移资金更为隐蔽、难以追踪。

（二）银行和支付机构交易监测技术能力参差不齐

监管部门、银行和支付机构的主要难题是在面对海量数据时，如何准确识别可疑交易，准确截断非法和违规资金流动。除大型银行和支付机构可以通过自行建模、设置风险参数等形式对交易数据进行分析外，中小型银行和支付机构一般不具备这方面的人才和技术储备条件，同时银行卡清算机构、监管机构也缺少这方面的人才储备，难以有效监管银行机构相关工作开展。此外，随着金融科技的发展，支付业务相关制度、系统甚至部分操作权限均由银行机构网点或分支机构上收至银行机构总行。特别是互联网支付业务兴起，支付业务的发起和接收已大幅脱离地域限制，这也给支付业务监管部门、公安机关和支付服务市场主体共同打击电信诈骗犯罪带来了一定挑战。

（三）信息共享不充分，境外交易"人卡分离"现象严重

当前，电信诈骗案件不法分子大多通过境外远程实施电信诈骗犯罪，犯罪成本低，隐蔽性强，同时也增大了公安机关的打击难度。不法分子在境外作案取现或转账涉案资金时，往往使用通过买卖账户、冒名开户等违规手段获得的账户或银行卡，而实际账户的申请人一般仍在国内，导致出现"人卡分离"的情况。而发卡机构和银行卡清算机构在处理银行卡境外业务时，不能及时发现和堵截银行卡账户所有人未出境而银行卡在境外发生交易的情况。据天津市公安部门反映，目前已查处的电信诈骗犯罪分子在境外套现案例，使用的均是通过非法买卖等方式获取的非本人银行卡。除此之外，银行和支付机构在开户或者签约时需深入了解客户真实身份、实际经营状况、所处行业领域、业务特点等信息，这些信息分散掌握在工商、税务、公安等各个部门，尚未实现与银行和支付机构的共享，在一定程度上影响了打击防范电信诈骗工作的开展。

四、政策建议

（一）健全账户结算监管体系，强化落实账户实名制

一是人民银行账户管理部门、现金管理部门及反洗钱监管部门应建立信息交流机制，实现信息共享，争取各部门之间形成合力，共同构筑统一的账户监管体系。二是完善银行机构考核机制。全面落实取消企业账户行政许可有关工作要求，杜绝单纯以银行账户数

量作为标准的考核机制。三是严格银行卡申请条件。申请人在办理银行卡时，可参照日本、中国香港等地银行的做法，除要求"年满16周岁持有有效身份证件"外，还应该提交居住证明、缴税证明、社保证明等。四是完善存款人身份核实的具体手段。协调公安部门，建立公民身份信息数据库中信息的定期更新和纠错机制，并将军人和武警的身份证、护照、港澳台通行证等有效身份证件纳入核查范围。五是支持银行机构将生物识别技术作为核实客户身份的辅助手段，明确银行对经审核后无法确认身份真实性或者怀疑利用账户从事违法犯罪活动的应当拒绝开户。

（二）完善支付业务监管体系，加强风险交易监测

一是完善支付业务监管体系，在属地监管的基础上，建立健全分支机构所在地人民银行与法人所在地人民银行的监管信息共享机制，强化法人所在地人民银行的监管职责，构建属地监管与法人监管相结合的支付业务监管体系。二是人民银行、商业银行、支付机构要加强人员和技术储备，深入分析电信诈骗犯罪案件可疑资金转移特征，健全完善交易监测分析模型，运用大数据、人工智能准确识别可疑资金交易，切实堵截电信诈骗案件资金转移通道。三是发卡银行和清算机构要加强对境外交易的监测分析，必要时及时采取止付等措施，收单机构加强对移动终端交易地理位置的监测与管理，限制移动终端跨境交易功能。

（三）加强相关部门信息共享机制

一是推动银行机构与公安部门加强信息共享，实现利用出入境实时数据加强对境外"人卡分离"交易的监控和处置。同时，明确发卡银行发卡时非经客户申请，应暂停银行卡境外交易功能；对于拟开通境外交易功能的，应赋予持卡人选择限定时间和金额等功能。二是实现银行机构与市场监管、公安等部门的信息共享，确保

银行机构有充分可靠信息来源，落实"了解你的客户"，切实落实账户实名制。

（四）增强公安部门查询冻结扣划及时性

一是充分发挥电信网络新型违法犯罪交易风险事件管理平台作用，确保银行、支付机构要持续提升系统响应速度和反馈信息准确程度。二是完善对公账户管理，减少银行机构对对公账户地域管理限制，增强对公账户查询、冻结、扣划便捷性，提高查询冻结扣划业务的效率。

分布式账本技术在金融资产交易领域中的实践应用浅析

天津金融资产交易所　丁化美　李可书　柯金虎

一、分布式账本技术

分布式账本技术（Distributed Ledger Technology，DLT）是一种在网络成员之间共享、复制和同步的数据库。分布式账本记录网络参与者之间的交易，如资产或数据的交换。这种共享账本降低了因调解不同账本所产生的时间和开支成本，不需要依赖一个受信中央验证系统。

分布式账本系统本质上是一种可以帮助参与者以安全、高效的方式创建、传播和存储信息数据库的技术，其核心技术包括加密算法、共识机制、时间戳、分布式存储等，核心价值在于为大规模多方协作网络提供可信的基础设施。

二、分布式账本技术在金融资产交易领域发挥的基础性功能

分布式账本技术作为一个参与方共同认可、无中介管理的自主运行系统，通过数字化信任机制，实现金融资产交易的自动化，可降低市场参与者的信任成本、实现点对点的交易，降低中心化服务系统的开发成本和维护费用，提高金融系统交易的支付清算效率、业务流程的透明度，从而简化业务流程、缩短交易周期，有效降低风险，提高金融业体系的运行效率和经济效益。同时，分布式账本技术通过加密技术和电子签名，验证身份和交易的真实性，强化系统的弹性及稳健性。

金融资产交易场所作为专业开展金融基础资产、权益资产交易

及信息耦合业务的场所，旨在增加金融资产的流动性，属于我国金融体系的重要组成部分。分布式账本技术在金融资产交易领域得到广泛应用，其基础性功能主要有以下几点。

（一）了解客户

了解客户（Know You Customer，KYC）是成熟金融市场普遍的制度安排，其主要目的是保护投资者的合法权益，通过对客户的全面了解，将合适的产品卖给合适的客户。

（二）资产登记确权

分布式账本系统中每一个单独的账本都存储着系统开始运行以来的所有交易信息，同时将资产所有权的确认、流转、交易、清分等流程植入时间戳，类似于对以上确认和交易流程进行了特殊标引，每个用户可随时通过密码学原理对比账本上的同类数据及交易历史，对每条交易进行追溯和验证，不但实现对账本数据库的有效管理，还使账本上相关数据的所有权、使用权、交易权、处置权等权属特征均具备了可追溯性，可对任一时刻、任一账本上的数据内容及其产权属性与责任人进行有效追踪，实现对资产准确无误的登记、确权和交易、处置及价值转移。

（三）登记结算

利用分布式账本点对点分布式的时间戳服务及电子签名算法，多节点之间可以快速完成账本同步和各节点之间的对账，加快登记和结算流程，建立相同的账本，加速电子交易过程数字化的进程。

（四）支付

通过在金融资产交易系统中应用分布式账本技术，可以在分布式交易系统中建立交易信息的安全传播机制，并记录交易，避免出现"双花"问题，降低运营成本并增加弹性。

三、分布式账本平台技术架构分享

我们搭建的基于分布式账本技术（DLT）的应用平台其功能架构如图1所示，共分为三大模块。

一是基础服务。平台提供区块链网关服务，为各节点的服务接入提供保障。

二是管理服务。平台提供区块链节点管理、会员管理、证书管理、密钥管理、智能合约管理等管理服务，为平台的联盟治理提供支持。

三是应用服务。提供二次开发接口，助力多种金融业务。

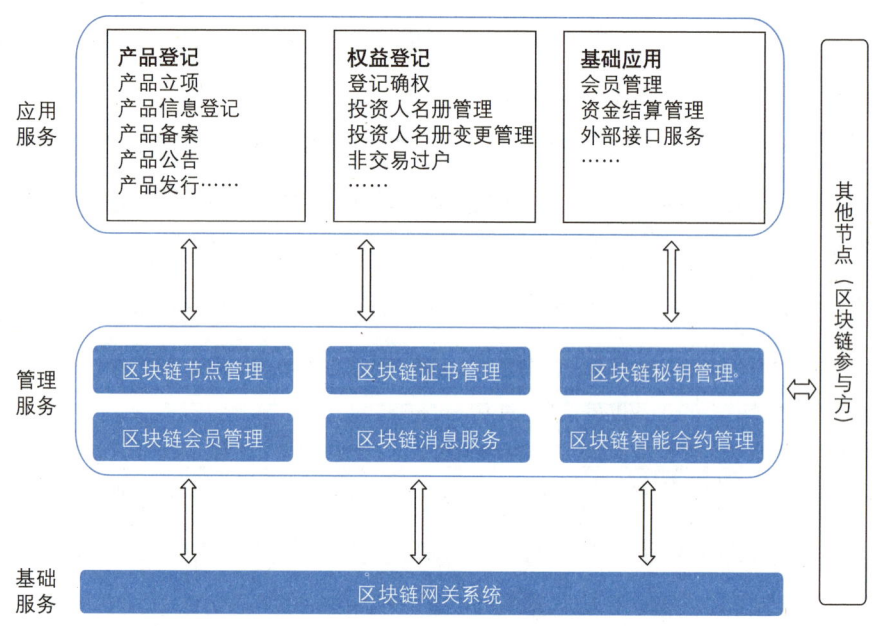

图1 天津金融资产交易所分布式账本平台功能架构图

分布式账本平台通过深度使用密码学算法和多方参与的共识机制，提供了一种全新的"信任"问题解决方案，并提供了链码分布式执行、多方共识校验机制、账本分发和防篡改等功能，其核心技术主要包括以下七点。

一是多通道。分布式记账平台设计了通道（Channel）来提供成员之间的隐私保护，通道由排序服务管理。在创建通道的时候，需要定义它的成员和组织、锚节点和排序服务的节点。

二是分布式账本。数据以分布式账本形式存储。账本中的数据项以键值对的形式存放，构成了账本的状态。

账本由区块链和状态数据库两部分组成：区块链是一组不可更改的有序的区块（数据块），记录着全部交易的日志；状态数据库记录了账本中所有键值对的当前值，相当于对当前账本的交易日志做了索引。

三是密码学特性。为了保证数据的不可逆、不可篡改和可追溯，平台采用了一些密码学相关的技术。主要使用的是哈希算法、merkle树、非对称加密算法这三种密码学中常用的技术。平台同时支持ECDSA、RSA及国密算法。

四是共识机制。分布式记账平台支持二种共识算法，分别为Kafka和Raft。

Kafka是一种支持多通道分区的集群时序服务，可以容忍部分节点失效（crash），但不能容忍恶意节点，其基于zookeeper进行Paxos算法选举，支持2f+1节点集群，f代表失效节点个数，即Kafka可以容忍少于半数的共识节点失效。

Raft的模型可以容忍部分节点失效（crash）。Raft共识是"主从模型"，主节点通过动态选举决定，从节点是主节点的复制。

五是链码（智能合约）。平台提供链码开发框架和JavaShim，引入传统的服务框架和RMI思路，包括：

（1）注解式服务开发。开发者只需要声明服务定义，用注解接口实现服务调用自动分发。

（2）POJO参数和自动映射。链码参数支持POJO对象，并且框架会自动映射参数。

（3）基础服务和工具类。框架基础与账本操作的基础服务和相关工具类，开发者可以关注业务逻辑而不是底层技术实现。

（4）客户端调用桩。基于服务定义，客户端调用时无须自己组装交易、通过Invoke接口调用账本服务及处理背书收集和结果确认。

（5）链码开发工具。

六是联盟治理。平台配置包括成员、证书、角色、策略等整个平台的核心基础数据，这些核心数据不是一成不变的，平台提供了一系列更新配置流程及审批功能，包括：

（1）成员加入、退出；

（2）Order成员加入、退出；

（3）创建通道；

（4）证书更新；

（5）角色变更；

（6）锚节点更新；

（7）修改Channel参数配置。

七是机构角色及策略引擎。在实际应用中，一个联盟（或Channel）的成员必然是拥有不同角色的，如核心成员、主要成员、普通成员、监管成员、KYC机构、运营机构、开发者等，并且基于分类有不同的权限控制。

四、收益分享智能合约产品应用场景介绍

传统应收账款业务流程周期长，涉及机构众多，效率低，过程不透明，投资者和机构间信息不对称，安全性低。按照典型的应收账款业务交易过程，一个产品从签订合同到登记发售，历经核心企业、融资企业、中间机构、征信机构、交易机构、登记结算机构等，如首先是核心企业发布采购申请，然后融资企业接收订单进行生产，生成合同协议，核心企业确认融资企业履行完毕后，融资企业发起融资请求。若有中间机构，中间机构受让债券，经征信机构

征信后在交易场所发行收益权产品，最终在登记结算机构登记产品。在这些流程全部完成之后，投资者才能在公开的交易场所认购投资产品，整个业务流程效率低，过程不透明，投资者和机构间信息不对称，安全性低。

收益分享智能合约产品利用分布式账本技术，将应收账款的底层资产合同签署文件及融资申请、机构征信等数据记录在自建分布式账本中，应收账款的生成及交易过程电子化，整个交易过程中数据不可篡改，提高了业务流程整体效率，保证产品的透明性、防篡改和真实性，有效降低了业务风险。

需要上链的数据包括：买卖合同的扫描件；融资摘要信息，如"企业×××因××××业务欠企业××××账款××××元，账期××个月"的文字说明；挂牌申请书的申请表单内容；评定机构鉴定书，如鉴定结果文件；产品信息表单；会员信息、上游企业信息、核心企业信息、评级机构信息。

这些关键数据的上链，使复杂的、存在信息不一致问题的应收账款业务信息在关键数据上交换更快、更透明、更安全，提升业务支撑的公信力，提供一个公开、公正、安全的市场环境，从而降低费用和风险，吸引更多投资者参与，扩大交易体量，增加市场繁荣。

数字经济时代移动支付在场景金融建设中的作用

中国银联天津分公司　董媛

近年来，在技术驱动经济发展的时代背景下，数字化转型是各行各业普遍面临的时代发展的必然要求，不同的产业都积极拥抱数字化，实施数字化转型战略，对数字化有了前所未有的关注。经深入调研发现，不同的行业对数字化转型的看法和做法存在差异，面临的挑战和威胁及应对的策略和路径各有不同，但对数字化的认知和期待是共通的。本文以移动支付为例，浅析数字化转型中场景金融发展和建设的路径，以期对实体经济转型中的问题进行梳理，并提出相应的解决方案供参考。

一、数字经济时代商业银行经营管理的变化

技术进步使市场发生显著的变化，互联网打破代际壁垒，拓宽了城乡交流的渠道，解构城市主流话语权。网络直播、网红带货使产品的销量倍增；用户画像使精准营销不再只是实验室里的炫技，而广泛应用在各个领域。商业银行也不例外，网络银行、直销银行、用户App等不断迭代、层出不穷。林林总总的现象背后是商业银行经营理念和经营方式的转型升级。

FinTech是近来关注度比较高的一个关键词。有专家认为，FinTech是技术驱动的金融创新。中国的FinTech热潮的底层逻辑主要表现在以下几个方面：一是信息技术的发展成为全球性的主导因素。二是相对不完善的金融市场，这是具有中国特色的因素。三是社会财富的快速增长。四是互联网发展的人口红利。

另一个关注度较高的关键词就是场景金融。顾名思义，场景化

的金融或金融的场景化，指利用新型的技术手段，将金融活动嵌入已有的场景服务中，从而改善和提高交易或服务的体验或效率。

传统的商业银行要在金融科技变革中把握机遇，通过场景金融的建设来实现系统化的转型和迭代。首先是经营模式的转变。"金融+科技"成为新的经营和管理方式，传统银行与金融科技公司开展合作，科技赋能，共生互促。其次是服务理念的演变。从以产品和渠道为中心转向以客户为中心，科技嵌入生活，客户体验全面升级，实现低成本和高效率。再次是运营方式的转变。传统金融机构是铺网点，打通"最后一公里"去触达客户，而新生代的客户，特别是"80后""90后"及Z时代的"00后"，更倾向于通过线上驱动获得便捷和高性价比的服务。有统计数据显示，2018—2019年底，银行网点的离柜率约为88%，未来网点会继续减少，获客和活客的方式会持续变化。最后是风控管理的演变。"数字化+移动化"的金融科技系统使风险管理变得更为复杂，也对风控和合规提出了更高的要求，业务创新不能以牺牲安全性、稳健性和消费者利益为代价，加强基础防控，运用大数据模型预判风险、管控风险、加强风险的动态管理成为大势所趋。

二、移动支付在商业银行数字化转型中的应用

数字化是信息化的延伸，是基于信息化成果产生的，将物理世界数字化，是技术与业务的深度融合，对信息处理方式的持续改良提升了生产力和生产效率。商业银行顺应数字经济时代的发展策略应用中最为突出的就是移动支付。按照莫顿的金融功能学原理，金融的基本功能包括支付结算、资金融通、资产转换、风险管理、信息提供、解决激励六个方面，近年来，金融创新和演变将上述功能融合推进，支付结算与资金融通结合产生了信用卡、消费信贷类产品；支付与资产结合产生了资产管理的新工具；风险管理和信息

提供结合再造了客户营销、信用评级、风控模型。支付成为更具价值的场景化连接方式。信息和互联网技术的发展使移动支付从每个用户独立的业务变成一种高频的应用，更精准、更快捷地捕捉并固定这些支付习惯和偏好，成为"场景金融"建设的焦点。主要的表现有：

一是大数据的应用使行业融合的深度和广度不断加速。通过对天津地区商业银行的调研发现，天津银行与美团合作，开展线上信用卡业务，结合交易优惠和员工推荐申办奖励推广引流，信用卡的开卡和活卡率大幅度提升。盛京银行的京东联名卡，整合银行和行业资源，融合投入权益，2019年全国发卡超过29万张。滨海农商银行的喵喵贷，通过大量的建模和调优，消费贷款审批从以前的一周时间缩短到几分钟，资金的划拨渠道通过移动支付的方式实时实现。2019年底，中国银联联手各家商业银行开发的云闪付App用户数超过2.4亿户，60家银行可以在线开立三类账户，140多家机构开通信用卡账单查询，500多家机构开通跨行借记卡余额查询功能，45家开通手机闪付申卡。

二是数字技术推动新功能，新功能改进用户体验。以商户通为例，商户通是面向商户的一款移动端的软件，帮助商户快速入网并支持商户扫码收款，实现店铺和店员的管理。商户通可以向登记入网的商户提供查阅本机构的交易数据和交易分析等，是一款具有综合服务，是各类型商户移动办公的高效能工具，在APPLE STORE、华为、360等常用的应用市场上都可以搜索到。用户可以打开手机上的应用市场，搜索"云闪付商户通"，下载并安装到手机上就可以使用。在App中可以进行店员接收信息设置，查看交易流水，查看当日或者近七天、近30天的交易分析等，方便商户对账和核查交易问题。

三是数字技术的应用改进了风险和合规管理的方式。网络或线上交易的系统监测和风险预警技术的应用，可以实现通过对经营主体的监测、对线上商户进行实名核验、获取移动电商等网络经营主体的信息、通过与国家市场监管总局等监管机构的主体信息库的比对等方式，判别电商主体的真实合法性。对网上交易客体的行为的监测，可以通过开发依托人工智能技术的违法行为风控模型，提取违法可疑特征，对高风险的网络违法行为进行定向监测，及时发现和锁定违法风险和涉嫌违法的线索，对网络禁限售的商品、网络虚假宣传、网络价格违法、知识产权侵权等违法行为进行定位追踪并实施监测。此外，还可以对交易风险进行分析研判和预警。通过大数据监测和分析，及时发现苗头性、趋势性的网络交易风险，提供预警和风险提示，从而早发现和早处置，进行预判和化解。

三、数字化转型中实体经济的场景建设

在数字化转型中，场景赋能的效果越发显现。为支持实体经济的转型迭代发展，加快推动移动支付的场景应用，天津出台了《天津市推广和普及移动支付三年行动方案》，建立跨部门和行业的合作共赢机制，推动各市场主体积极参与智慧城市、智慧社区、智慧商圈的线上线下融合场景建设，深挖与市民衣食住行密切相关的移动支付消费场景，创建方便快捷的移动支付受理环境。截至2019年底，银联联合各家商业银行和成员机构已建成移动支付示范商圈20余个，可受理移动支付的菜场119家，移动支付实现公交、地铁、政务、校园等十大便民消费场景，累计实现358个连锁品牌、8 200多个商户门店移动终端的升级改造。以公交系统为例，2019年实现市区和滨海新区的金融标准移动支付交易8 687.3万笔，日均交易30多万笔。

随着移动支付市场的发展，深度的产品体验和适配的应用场景积聚了大量的用户，培养了刚性的需求和黏性，对金融市场的传统商业模式产生了冲击和挑战，由此奠定了未来移动支付多元整合的

发展方向。首先是功能的整合，即全面支持手机闪付、扫码、无卡支付等支付方式，典型的范例是一个终端同时支持云闪付、微信、支付宝等各类扫码支付，从而提供便捷、安全、多维的场景应用；其次是权益的整合，将具有用户黏性的场景进行整合，提升客户的使用意愿；最后是账户的整合，一站式办理各类银行账户并支持交易查询和账户管理等综合服务。

四、移动支付发展的方向和数字化转型的趋势

科技发展进入互联网的下半场，从消费领域进入生产领域，是一种历史发展的趋势，更是一种长期发展的必然。5G的商用将有力助推产业互联网时代的到来。数字化转型的基础设施主要由三部分组成：AI+5G+区块链（Blockchain）。习近平总书记说："人工智能是引领新一轮科技革命和产业变革的重要驱动力"。"中方愿同各国分享包括5G技术在内的最新科研成果，共同培育新的核心竞争力，转变经济增长模式"，"把区块链作为核心技术自主创新重要突破口，加快推动区块链技术和产业创新发展"。

电子发票是区块链应用在金融领域的一种重要场景，首张区块链电子发票于2018年8月开出，经过一年多落地应用，仅深圳市就已经有7 600多家企业接入区块链电子发票系统，开票金额达70多亿元。2019年11月14日，全国首张交通罚款区块链财政电子票据在深圳市交警局开具。区块链电子发票按需使用，不用定期往返税务部门领购发票，降低了企业办税人员的工作负担，免费用票减少了财务成本，用户购物后自行申请开票，减少了人力投入。近年来，区块链电子发票被广泛应用在金融保险、零售商超、酒店餐饮、停车服务等多个行业。截至2019年底，区块链电子发票的开票量突破1 000万张。

2019年，有国际卡组织使用区块链为银行卡用户加密，作为开

源的分布式加密账本技术，应用在数字货币领域，成为一种超级账本，是区块链技术在电子支付领域的应用范例。人民银行的《金融科技（FinTech）发展规划（2019—2021年）》（银发〔2019〕209号）明确提出"结合客户个性化需求和差异化风险偏好，构建以产品为中心的金融科技设计研发体系"。中国银联使用边缘计算技术，开发了电动车充电桩的实时扣费系统，能够将充电和支付的体验无缝衔接。智慧停车、智慧景区、智慧菜场、智慧校园等诸如此类的金融科技发展使商业银行业务转型的场景建设广泛延展，不断将移动支付的应用场景做大、做深、做智能，这似乎成了一种发展的趋势，也是未来努力的方向。各家机构在时不我待的紧迫感和危机感的驱动下，加快了尝试和改进的步伐，迭代的速度和研发的能力不断提升，移动支付应用体验在未来可期的同时仍要注重风险防控和合规的建设，这样才能稳中求变，永续发展。

信托公司消费金融业务研究

天津信托有限责任公司　王辰阳　张国辉　崔亚明

一、信托行业消费金融业务现状

近年来,信托公司消费金融业务持续增长。信托业协会调研数据显示,截至2018年底,约有40家信托公司进入消费金融市场,6家信托公司消费信托资产规模超过100亿元,信托业合计开展消费信托余额近3 000亿元。

从2013年中信信托打造的名为"中信嘉丽泽"消费信托项目开始,至近期外贸信托上线个人短期消费贷款App"先先呗"(由外贸信托自营放款),信托公司消费金融业务的模式正不断迭代创新。

(一)资产流转模式

现阶段信托公司介入消费金融的业务模式中,资产流转模式业务占比较高,主要包括ABS发行模式和Pre-ABS模式。

1. ABS发行模式。此模式中,消费金融公司、汽车金融公司、信用卡发行人、互联网平台作为发起机构,以部分消费信贷资产作为信托财产委托给信托公司,并由信托公司设立特定目的信托。信托公司向投资者发行资产支持证券,并在信托计划成立后,以信托财产产生的现金流为限,支付相应税费及资产支持证券的本息及其他收益。目前,作为发行机构参与消费金融资产证券化是信托公司通过ABS参与消费金融的主要方式(见图1)。

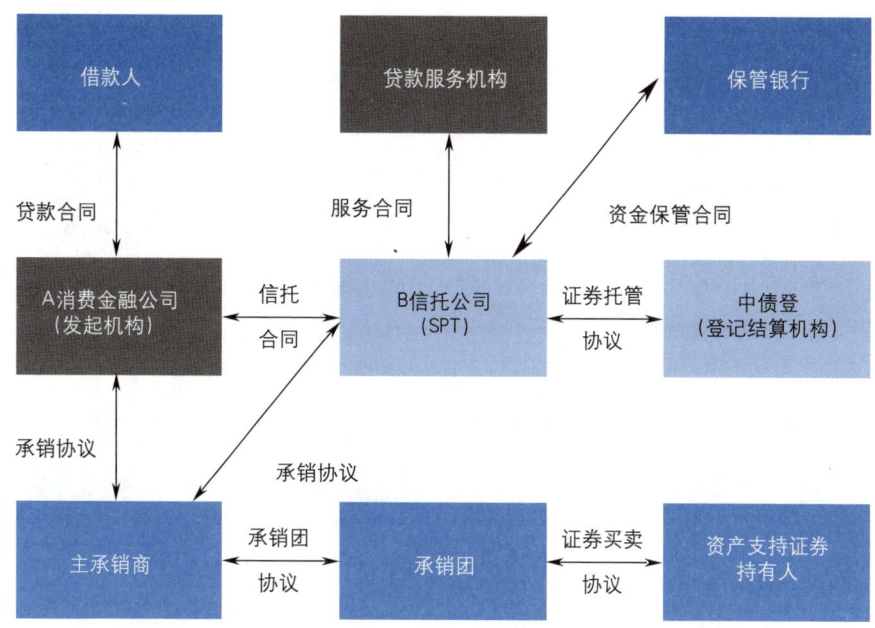

图1 信托公司作为发行机构参与消费金融资产证券化

2. Pre-ABS模式。Pre-ABS作为整个ABS投融资流程中的上游业务链条，是在ABS开展前需预先完成的工作，即形成基础资产。而Pre-ABS投资是指为资产证券化的原始权益人形成基础资产提供资金，并以资产证券化募集的资金作为回款的一种投资方式。它是基于后续发行ABS的前提而进行的融资，原始权益人获得融资后形成一定规模的基础资产，并在公开市场或者是私募市场上将基础资产证券化，募集资金用于偿还Pre-ABS环节的融资。绝大部分消费金融Pre-ABS采取的是这种业务模式。

信托公司参与Pre-ABS的主要路径：信托公司发起集合资金信托，进行Pre-ABS投资，并且在前期主动选择后期ABS业务承做机构，全程参与，也可以帮助企业发起交易商协会ABN；还可以当金融机构Pre-ABS投资的通道。目前信托的主要模式是充当金融机构Pre-ABS投资的通道，模式结构如图2所示。

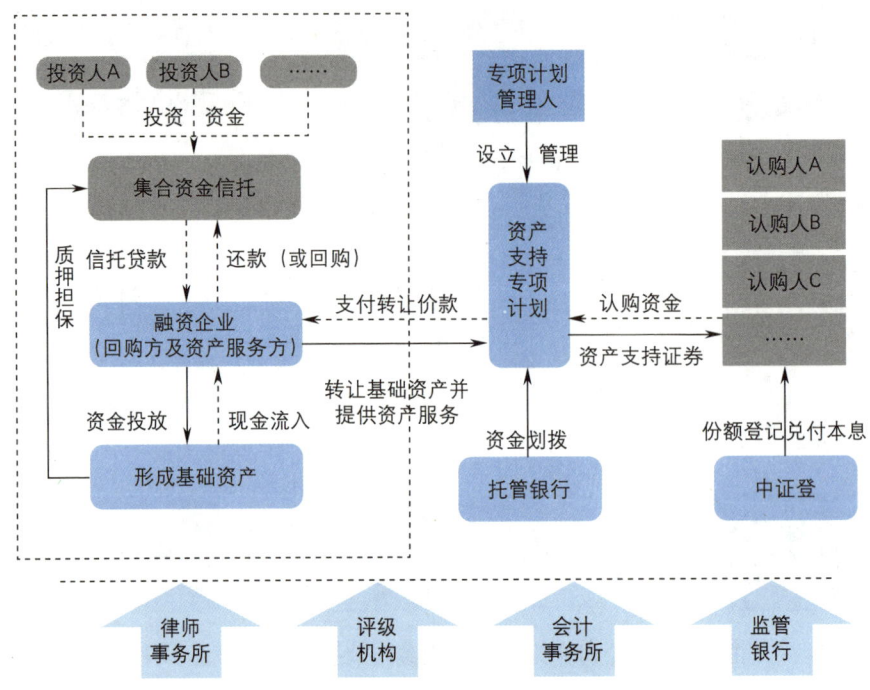

图2 信托公司参与Pre-ABS模式图

由于消费金融企业笔数多、金额小、集中度低而相似性较高，互联网消费金融Pre-ABS项目一般采用"先款后投"的模式，即信托计划先向融资人发放信托贷款，融资人在信托计划层面完成对借款人的筛选并向其发放消费贷款，形成借款债权，然后再将债权质押到Pre-ABS的信托计划。

（二）直接贷款模式

1.流动资金贷款模式。流动资金贷款模式指的是信托公司充分挖掘消费金融市场的融资业务机会，仅作为消费金融服务的资金供给方，通过发放信托贷款的方式，向消费金融服务机构提供融资，进而分享消费行业及消费金融业务快速发展的溢出收益，与传统信托贷款模式没有本质区别。具体而言，流动资金贷款模式是指信托公司通过发行资金信托计划，募集资金用于向消费金融服务机构提供资金支持。消费金融服务机构通过提供消费金融服务实现的回流资金等对信托贷款进行还本付息。此项业务的合作方包括消费金融公司、小额贷款公司、电商平台及众多其他消费金融服务机构。

2. 助贷模式。助贷模式中，信托公司与消费金融公司、小额贷款公司等机构合作，作为放贷通道参与消费信贷。具体安排为，信托公司直接与消费者签订个人消费金融信托贷款合同，消费金融服务机构作为贷款中介服务机构，一方面提供B（Business）端商户和C（Customer）端客户推荐及资质审核服务，另一方面协助信托公司提供贷前、贷中与贷后全流程管理工作。

二、信托公司消费金融业务前景展望

（一）深入消费金融业务蓝海，扩大业务品种和管理规模

从宏观上看，目前我国消费金融类的参与者主要有三类：商业银行、持牌消费金融公司和互联网金融平台。数据统计显示，截至2019年9月底，商业银行信用卡信贷余额达7.42万亿元，消费金融公司作为专业领域持牌金融机构，与商业银行形成补充，截至2019年9月底的资产规模为4 938亿元。互联网金融平台的积极参与，是我国消费金融发展中一个非常显著的特点。相关数据显示，剔除银行业的互联网贷款后，2018年互联网消费金融放贷规模达6.9万亿元。据权威机构预测，从行业整体发展空间来看，我国消费金融行业整体仍会有五年以上的高速成长期，由此可见，消费金融业务在规模上已然形成了广泛的业务蓝海。

因此，信托公司在未来应以开放的态度，广泛对接各类持牌金融机构（银行、消费金融公司、汽车金融公司等）、非持牌机构（电商平台、互联网公司、金融科技公司等），在消费金融领域展开业务合作，以在市场上形成自身品牌知名度为目标，逐步扩大自身经营的业务品种，丰富各交易场所的业务产品线，在增加管理资

产规模的同时，通过自身服务溢价形成更高的经济效益。

（二）广泛归集市场各类参与主体，提升资源整合能力

未来，信托公司在消费金融业务的开展过程中，应重点开拓并归集各类市场参与主体，包括但不限于优质资产渠道、各类不同风险偏好的投资人、优质中介服务机构等，逐渐加大在资产支持票据、资产支持证券、非标资产管理等业务的参与深度和业务创新。在具备操作资产证券化能力的基础上，逐步提升专业能力、发挥资源整合作用，力争在基础资产挑选、交易结构设计、利率定价、中介机构协调等方面发挥更大作用，并在资产端、资金端、项目操作端等各关键环节发挥更深入作用，化"参与"为"牵头"。

（三）提高主动管理能力、自主风控能力，由"外部赋能+内部学习"到建设自身风控体系

信托公司在消费金融业务创新过程中，应主动落实监管政策的总体要求，有效推进持续创新。

一是借助技术服务机构或资产服务机构所提供的基础资产整体表现和细分数据，深入了解消费金融领域的资产特点和风控逻辑。

二是加大消费金融业务的管理深度，在消费金融贷款发放和贷后跟踪基础资产表现等层面的管理上形成自身特定逻辑，探寻自身合理定位。

三是开展主动管理消费金融业务，将消费金融业务体系化、内部运营管理制度化、贷后跟踪管理信息化。加强履行受托人的管理职责，力争通过对核心基础资产数据的有效采集、加工、分析、调节，保障消费金融业务的风险、收益整体稳定可控，保障业务稳定运行。

（四）丰富盈利模式，提升经济效益

1. 持续开展服务型信托业务展业。服务型信托业务主要指信托

公司在消费金融业务的参与中，参与角色主要体现为消费金融资产流转的SPV载体的相关信托业务。在该类业务展业层面，信托公司可按照非标准化业务、标准化业务两个策略进行展业和持续盈利。

2. 加强自主风控能力建设，获取风险溢价经济效益。金融的核心在风控，在消费金融领域也是如此，结合消费金融客户群体广泛、户均贷款规模低等特点，在该类业务模式中，对客户需求和风险点的识别要求更加精准，对风控能力及风控体系建设要求提高，掌握核心风控即掌握核心竞争力。在办公安全、运维安全、数据安全等方面，通过建立传输专线、部署安全软件、通过安全认证等手段，提高安全水平，为业务安全及数据交互提供环境基础。

3. 持续加强自主审核能力和对外输出风险决策能力。在掌握核心自主审核能力并构建完善的金融科技基础设施前提下，通过赋能外部机构，以自身核心风控能力获取科技价值，进一步完善产品线。

金融科技助力信托公司数字化转型研究

天津信托责任有限公司　王楠

2020年,一场疫情"黑天鹅"带来的长达两个月的居家隔离使人们逐渐适应了线上办公、线上消费及线上理财等"零接触式"生活方式,也让各大嗅觉敏锐的金融机构深刻体会到"零接触式"服务背后所需的金融科技力量。当前,金融行业金融科技转型之风正在悄然吹起,"普惠金融""数据资产""数据确权""云计算"等正成为金融行业数字化转型的热门词汇。对于信托行业而言,在"资管新规"强推行业高质量转型的背景下,抓住时代机遇,怀抱其管理的22万亿元资产与金融科技加速联姻,充分发挥自身独特的破产隔离、跨市场、灵活性、多元性等制度禀赋优势,实现与金融科技的有机融合是行业实现完美转型的必由之路。

一、金融科技拓展信托公司展业的广度与深度

与其他金融机构相比,信托是当前资管市场上唯一可以同时联系资本市场、货币市场和实体市场的金融工具,其本身具有的跨市场、多元化融资方式与金融科技跨时间、空间的应用特性具有更加良好的契合关系。因此,在当前监管强推信托行业转型过程中,金融科技在助推信托公司传统业务转型及创新业务开展等方面具有独特优势。信托公司不仅可通过金融科技提升信托公司线上化、智能化和数字化运营能力,补齐公司内部信息化建设短板,优化风险防控体系,提高信托公司现有业务开展深度;还可通过人工智能、数据分析、智能画像等为信托公司开展各项创新业务赋能,从而拓展信托公司展业的广度。

二、金融科技助力信托公司传统业务优化升级

2018年以来,伴随着资管新规及其配套细则的陆续出台,信托"压通道""控地产""降规模"成为行业监管主趋势,信托公司传统业务受到不同程度的监管挑战,迫切需要金融科技助力传统业务优化升级。对于融资类信托业务(私募投行),金融科技可借助大数据、区块链等技术帮助信托公司提升尽职调查能力,挖掘更好的资产;对于工商企业信托,可通过物联网、区块链等金融科技手段,打造数据流、资金流、物流等跟踪平台,帮助信托公司充分分析企业资金流、客户流及订单流等多方面信息,为客户进行全面"画像",在加强对底层资产的把控能力的同时,更有针对性地对企业提供供应链金融服务,加大金融供给的公平性和可得性;对于投资类业务,信托公司则可通过运用大数据、云计算、人工智能等前沿技术提高海量数据处理能力,应用智能投顾强化投资策略等不断提高公司投研能力,从而为公司更好地开展资本市场业务、PE股权投资等标准化业务奠定良好的科技基础。

据了解,目前众多信托公司已在此方面作出努力。例如,外贸信托以"提高运营效率、方便客户使用"为宗旨,积极运用金融科技手段优化客户获取信息的渠道,不断提升私募基金等二级市场客户服务能力,助力证券投资等资本市场业务科技化布局;中航信托联手博普科技,打造了一款以人工智能为主导的资产配置平台,实现人工智能在模型开发、策略管理、资产组合配置及风险管理等方面的应用。

三、金融科技赋能信托公司创新业务转型

在当前资管行业统一监管、信托回归本源的时代背景下,信托行业正处于增速放缓和结构调整的阵痛期、关键期,信托业务由传统非标类、融资类信托向私募股权、家族信托、消费金融等标准

化、投资类、服务型信托转型，业已成为未来信托行业实现可持续发展的必然选择，但与信托公司传统非标准化业务相比，私募股权、资产证券化等标准化业务的结构设计、获客渠道相对复杂，需要更为科学的公司运营管理体系设计。而金融科技所具有的数字化、信息化、智能化及泛场景处理能力则能有效补齐信托公司业务经营短板，为公司创新业务顺利开展赋能。

（一）财富管理业务

财富管理业务是我国信托回归"受人之托、代人理财"本源业务的根本途径，近年来，随着我国社会财富的不断积累，居民财富管理意识及财富管理需求均在不断提高，也对各金融机构的财富管理服务水平有了更高要求。在信托公司财富管理业务开展方面，金融科技可通过人工智能、数据分析等帮助信托公司在客户画像、客户分层及客户全生命周期管理方面加深对客户理解，从而在营销、投顾、客户管理等方面为客户提供更加精准的差异化、定制化的产品及服务。此外，金融科技还可助力信托公司实现一体化账户管理，不断提高信托公司财富管理全业务链信息化、智能化服务水平。据了解，目前业内已有多家机构实现财富管理业务科技化布局。例如，外贸信托通过开发移动端App，为客户提供更加高效、快捷的财富管理服务；中航信托则联合宇信科技公司在家族信托、财富管理业务系统等方面积极创新，实现家族信托统一账户、投资组合管理体系建设。

（二）慈善信托业务

近年来，随着我国精准扶贫、金融服务实体经济的不断发展，慈善信托逐渐走进人们的视野，尤其是在参与抗击疫情过程中，慈善信托所展示出来的反应迅速、机制灵活、账户独立、专业管理等优势使其顺利成为行业的热点话题，也奠定了慈善信托业务的转型方向。但不可否认,在实际操作过程中,慈善信托仍面临很多由于信息不对称造成的投放不精准、信息不透明等问题。未来,信托公司可利用科技手段,进一步发挥慈善信托的制度优势,一方面,通过大数据分析等,实现慈善双方的精准匹配;另一方面,利用区块链技术,实现慈善过程的公开透明,提升慈善信托的社会形象及公信力。

(三)消费金融业务

消费金融是当前我国信托公司转型的重点发力方向之一。但与传统信托业务大额、低频的业务特征不同,消费金融具有"小而分散""多场景""宽渠道"等特点,对公司金融科技能力建设提出更高要求,也成为当前信托拥抱金融科技的主要领域之一。信托公司可凭借大数据、征信等金融科技,有效提升包含场景、支付、征信、授信、催收等业务发展的核心竞争力,助力信托公司向消费金融转型。例如,中融信托自主开发了"天巡"消费金融科技系统,具备自主风控审批、自主支付、大数据存储和挖掘、贷后资金安全监控等功能。外贸信托通过借力金融科技,建设以小微信贷管理系统、支付平台系统、征信查询系统为核心的业务系统群,有效防控业务风险、提升客户体验等。

四、金融科技加强信托公司运营管理建设

随着信托行业传统业务的不断优化及创新业务的持续发展,我国信托业务对信托公司的智能化和数据化要求不断提高。当前,在大多金融服务均已实现手机移动互联的背景下,信托公司借助大数据、云计算、人工智能等科技手段对其积累的大量运营管理数据进行深入分析,实现风险管控、合规管理、运营决策等领域的数字化、智能化运营管理平台建设,不仅成为信托行业转型的重要利器,也是实现消费金融、现金管理、家族信托等创新业务顺利开展

的基础条件。在实际运营管理平台建设方面，金融科技可以信托公司积累的丰富经验为基础，以标准算法及人工智能为驱动，在公司标准化流程和非标准化流程方面共同发力，助力公司提高决策效率，从而为信托公司各项业务的开展奠定良好的效率基础。

五、金融科技引领信托公司转型仍在路上

当前，我国信托公司无论是在运用信息科技手段完善内部管理，还是在加强风险控制和推动业务发展等方面均取得了重要进展，中国信托业协会出版的《中国信托业发展报告（2018—2019）》显示，2018—2019年，各信托公司信息科技投入平均为1 746.89万元，同比增长9.27%，其中投入超过1 000万元的信托公司数占比达60%。虽然这一数据与银行、券商、保险等传统金融机构仍无法对标，在金融科技人员招聘及科技体系建设能力等方面也稍显薄弱，但随着信托公司转型需求的不断加大，各信托公司对金融科技也更为重视。根据2019年最新年报统计，2019年有28家信托公司在年报中提及"科技"，16家信托公司将"金融科技"建设上升为公司战略高度。例如，厦门信托提出"积极践行数字信托"战略，制定三年信息科技战略规划方案；上海信托表示"坚持科技引领，打造转型发展源动力"；东莞信托、陆家嘴信托等则直接明确公司科技投入金额，彰显投资力度。信托公司加大金融科技布局，加强科技赋能金融服务、引领信托行业转型业已起航，但仍在路上。

挖掘信托优势　服务实体经济

天津信托责任有限公司　陈帅特

党的十九大报告指出"建立现代化经济体系，必须把发展经济的着力点放在实体经济上"。建立服务实体经济的现代化金融体系至关重要。信托公司作为中国的"实业投行"，可以充分发挥灵活的制度优势，积极开展投融产结合业务，为实体经济提供全方位的金融服务。

一、信托服务实体经济的主要特点及现状

（一）压缩通道业务，提振主动管理

信托资产运用结构的调整趋势体现了行业主动管理能力的提升。"资管新规"出台以来，有"通道色彩"的事务管理类占比从2018年第三季度末的58.82%下降到2020年第一季度末的47.09%，而融资类业务占比从2018年第三季度末的18.33%上升到2020年第一季度末的28.97%。同时，2020年3月新增信托资金规模6 035亿元，其中投向工商企业和基础产业的资金占比分别为29.1%和12.7%，同比上升了4.4个和2.5个百分点。这表明信托行业落实监管要求，主动压降金融同业通道业务效果较为明显。信托业已将促进实体经济高质量发展与行业自身高质量发展相结合，作为未来驱动专业化金融整合服务的主要方向，全力提振激活制造业的发展活力和创新动力。

（二）提升固有资产，辅助实体投资

近年来，信托公司纷纷增资扩股，提升资本实力，2016年，68家信托公司固有资产为5 569.96亿元，2018年增加到7 193.15亿元，

比2016年增长29.14%；2019年末为7 677.12亿元，比2018年末增长6.73%，保持了可观的增长势头。同时，2016年以来投资占固有资产比率从2016年的73.30%上升到2019年末的78.8%，几乎每年增加2个百分点。

一方面，可以将固有资产作为信托资金投资模式创新的试验田和先行者，在实践中丰富信托业服务实体经济的投融资模式；另一方面，强劲的资本实力有助于信托公司建立起一支具有很强研究和投融资能力的团队，从更广阔的国内外视野深入研究中国经济结构转型与产业升级中所提供的新的投资机遇。

（三）发挥制度优势，扩大服务范围

2016年以来，工商企业、基础产业和房地产业这三大实体经济部门的资金信托占比以一个极其显著的幅度上升，2016年合计占比为48.65%，2017年和2018年分别为52.75%和58.67%，2019年达61.93%，比2016年末上升12.74个百分点，服务实体经济成效明显，为实体经济提供了更多资金与金融服务的支持，取得了良好效果，处于各大金融机构前列（见图1）。

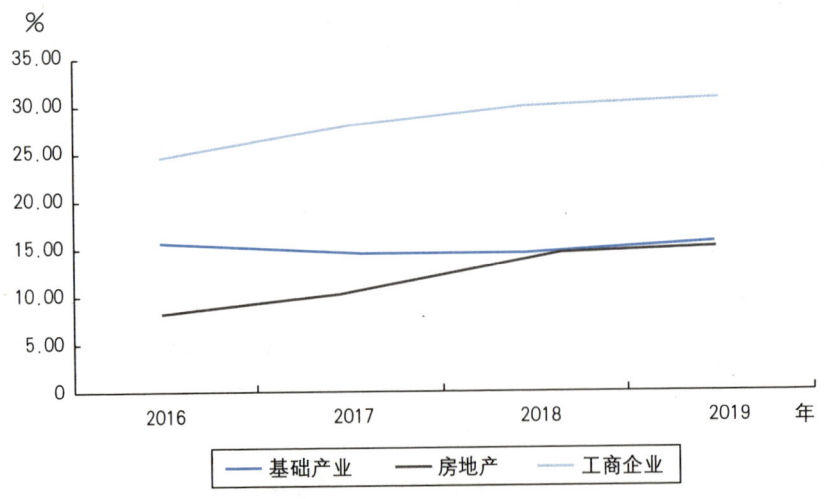

图1 信托资金服务支持实体经济方向占比统计

(四)助力区域建设,服务城市集群

中国经济发展正进入一个以城市群为推动力的新阶段,核心城市及其周边城市在吸引生产要素与提升创新能力方面的作用越来越明显。2014年以来,京津冀协同发展、粤港澳大湾区、长三角区域一体化先后上升为国家战略,信托业正在以非常积极的姿态,运用灵活高效的融资及服务模式来支持这三大国家战略。截至2019年第二季度末,全国52家信托公司投向三大城市群范围内的信托业务规模为6.18万亿元,占19.05万亿元资金信托的32.44%。

(五)积极防控疫情,支持复工复产

新冠疫情发生以来,信托行业迅速行动,积极发挥信托制度在抗击疫情中的作用,尽快落实慈善信托,支持防疫一线,坚决打赢疫情防控阻击战。2020年第一季度,全国共设立抗击疫情慈善信托66单,总资金规模达1.43亿元,主要用于支持关爱医护人员、援助医院抗疫、救助受灾群体、支持社区工作者、关爱疫区建筑农民工和湖北地区运输司机等。未来,随着疫情防控进入常态化,信托行业将继续发挥慈善信托架构优势,积极引导和筹集社会各界爱心资金助力受疫情影响严重的地区复工复产。同时,信托公司将继续通过设立疫情防控ABS、认购疫情防控债、股权投资等方式,加大对实体企业的资金投入,全力支持受疫情影响企业的正常经营,为全社会的复工复产贡献力量。

二、信托服务实体经济的主要模式

习近平总书记在2017年7月第五次全国金融工作会议上指出,做好金融工作要把握好4个重要原则,其中第二个原则是优化结构,完善金融市场、金融机构、金融产品体系。要坚持质量优先,引导金融业发展同经济社会发展相协调,促进融资便利化、降低实体经济

成本、提高资源配置效率、保障风险可控。

信托业紧紧围绕服务实体经济和完善金融服务推进各项工作，构建了多层次、多渠道、有特色的信托业服务实体经济的产品体系，不断强化金融服务功能，促进经济和金融良性循环。

（一）加大为制造业提供项目融资的力度

融资类信托是信托公司为实体经济发展提供资金支持的主要业务模式。除了直接发放信托贷款外，信托资金购买实体企业应收账款也是融资的主要方式。直接融资信托具有门槛低、效率高等多种优点，是信托公司传统的业务模式之一。

（二）以产业投资基金实现产业与信托资金的深度融合

产业投资基金信托是向具有高增长潜力的未上市企业进行股权或准股权投资，并参与被投资企业的经营管理，以期所投资企业发育成熟后通过股权转让实现资本增值的信托产品，在促进产业结构调整、区域生产要素集聚等方面有着重要作用。通过信托模式运作产业基金，信托公司发行信托凭证，打通了资金募集、投资和红利返还的渠道，对金融的专业化服务能力提升有重大意义。

（三）探索以投贷联动方式来服务实体经济

投贷联动是"信贷投放"与"股权融资"相结合的一种融资方式。2016年4月21日，银监会、科技部与人民银行联合出台了《关于支持金融机构加大创新力度开展科创企业投贷联动试点的指导意见》（银监发〔2016〕14号），要求金融机构可以用投贷联动方式实现科创企业信贷风险与收益的匹配，为科创企业提供持续资金支持。区别于银行，信托公司可以通过固有资金、信托计划等多种方式对科创企业发放贷款或进行股权投资，从而实现"表内和表外""债权和股权"的双重互动。这种方式的内在机理是源于信托公司的三大特殊优势，即多元化的投融资领域、完备的风险隔离机制及灵活的产品创设机制。这些优势能够很好地匹配投贷联动业务对于风险收益安排的复杂需求。

（四）丰富资产证券化业务来提高实体经济的资金使用效率

资产证券化依托于资产的现金流，是盘活存量、降杠杆、增强流动性的重要手段。在企业资产证券化方面，在当前非标融资受到限制的情况下，企业通过发行资产证券化产品让渡存量债权或收益权资产，可以将存量资产变现，从而拓宽融资渠道，并改善企业的资产负债结构。资产证券化的长期性、广泛性是金融体系结构性变动的必然现象，信托公司正最大限度地发挥信托制度优势，努力践行金融要为实体经济服务的政策要求。

未来，信托公司要在深化金融供给侧结构性改革的过程中努力建立以信托产品为核心的业务生态圈，让资金、资产、产品形成完整、动态的产业链，强化金融服务功能，更好地服务实体经济。

滴灌金融活水　践行普惠初心

交通银行天津市分行　董雪

为进一步深化金融体制改革，切实增强金融服务实体经济的能力，满足不同族群、不同时期小微企业的金融需求，交通银行天津市分行主动转变服务方式，以交通银行普惠数字化、智慧化转型为依托，通过创新普惠产品、转变对接方式、优化审批流程等举措，主动破解小微企业融资难题，构建了新形势下具有交通银行特色的普惠金融服务新模式。

一是科技赋能，产品服务再升级。交通银行从客户角度出发，充分利用"大数据+金融"的科技优势，让数据多跑路，客户少跑腿。整合开发普惠新产品，如"复工e贷""万企融e贷""信用贷""e贷随心'复'"等产品，为小微企业经营发展解决燃眉之急。同时，交通银行还为核心企业及其上下游小微企业提供在线供应链金融产品，如快捷保理、经销商快贷等。其中，天津某国际贸易有限公司是一家专注于利用超高压技术在各个领域进行环保高效涂装工程的一家企业，支行客户经理通过积极对接名单内企业，得知该公司急需一笔资金用于购买船舶工程维修所需原部件，通过客户经理实地走访，全面了解企业生产经营情况，为客户推荐了"万企融e贷"抵押类产品，借款人顺利获得融资资金355万元，解决了企业的燃眉之急。

二是创新模式，线上线下齐发力。疫情期间，分行举办多场线上云宣讲，参与企业百余家，并利用总行场景渠道码定制功能，将普惠服务嵌入各类在线直播、线上社群、外部场景等小微客户集聚的线上渠道，扩大客户服务触角；分行与天津市工商联、天津滨海

OTC等部门联合举办线上普惠对接会，为小微企业融资排忧纾困，匹配合适融资产品；加强线下精准对接，及时追踪企业需求，高效匹配融资方案，提升普惠服务质效。其中，天津某科技有限公司参与线上云宣讲后，详细咨询了交通银行"万企融e贷"产品，客户经理线下密切追踪客户融资需求，为客户成功办理了交通银行信用类融资产品，顺利获得89 000元的信用额度。

三是差异化政策，绿色通道速审批。天津市分行高度重视疫情相关企业及现阶段复工复产的小微企业，面对这些企业的融资需求，分行安排专人对接，提供专属服务，从申请到放款，最快实现企业信贷资金48小时内到位。天津市某科技股份有限公司需大量生产一次性医用口罩等医用物资，支行迅速行动，对接企业需求，匹配高效融资方案，分行成为同业中首家为该企业批复1 000万元授信额度的金融机构，并于48小时内为企业发放了信贷资金。

四是多渠道宣传，普惠音频传播。分行在做好普惠发展多举措推进的同时，也注重外媒对于交通银行普惠金融的舆论宣传。长期以来，分行在天津日报、新金融观察报、搜狐App、津心办等网页、栏目刊登交通银行"线上抵押贷""万企融e贷""e贷随心'复'"等普惠产品，为交通银行普惠金融业务的顺利推进传播交通银行"好声音"。同时，针对不同渠道宣传特点，定制专属渠道二维码，为各类企业业务发展提供抓手，提供普惠金融资源保障。

以金融消费者权益为中心　扎实推进金融知识普及工作

交通银行天津市分行　范雅楠

随着互联网金融迅猛发展，社会进入金融经济时代，金融对国家的发展日益重要，与社会公众的关系日益紧密，普及金融知识、提升金融素养的重要性也相应提升。各金融机构都应当进一步强化金融消费者教育，积极组织、参与金融知识普及活动，开展广泛、持续的日常性金融消费者教育，帮助金融消费者提高对金融产品和服务的认知能力和自我保护能力，提升广大金融消费者金融素养和诚实守信意识。

近年来，交通银行天津市分行（以下简称分行）建立了金融知识宣传教育工作制度，每年制定金融消费者宣传教育工作计划、建立工作联络群、创建金融知识宣讲团队，利用线上、线下等多种传播工具，有序推进工作开展，不断开创金融知识宣传教育工作的新局面。

一、多渠道、全方位开展金融消费者教育活动

分行采取多渠道、全方位的宣传形式普及金融知识，力求渠道多元化、形式新颖化、内容生动化，达到实效性强、覆盖面广的成效。

（一）开展厅堂教育

充分利用营业网点设置的公众教育区（消费者权益保护宣传教育区），作为普及金融知识宣传的主阵地，摆放各类消费者权益保护宣传资料，与营销资料严格区分，同时通过营业网点的走马灯、LED屏、液晶电视机、广告机、公众教育区（消费者权益保护宣传教

育区）专栏进行金融知识、消费者权益保护知识宣传普及和金融风险提示。

（二）充分借助平台工具

通过云端银行"云管家"、个金客户经理工作平台直播、手机银行App管家服务"交银直播""空中理财室"等功能，以及线上视频会议等方式方法，面向客户开展线上教育讲座、沙龙、咨询答疑等活动。

（三）加强人气网络媒体投放

分支行积极落实疫情防控工作要求，在疫情防控常态化形势下，为避免线下聚集，把消费者权益保护（以下简称消保）宣传活动的重心搬上了网络，通过形式新颖的线上金融宣传教育活动，进一步增强金融消费者参与金融活动的风险识别能力和自我保护意识。发动支行年轻业务骨干，从实例出发，挖掘疫情期间和近期实际发生的金融消保案例，通过直播、短视频、问答游戏、员工真人漫画等多种形式，围绕金融热点事件为消费者排忧解惑，帮助消费者练就自我保护的"火眼金睛"，广受客户欢迎。

（四）实施特殊人群教育

针对中老年人、青少年、进城务工人员、农村居民等特定消费群体，开展有针对性的教育，采取金融知识进乡村、社区、学校、工地等方式，向青少年、社区老年人、进城务工人员等特殊群体传授金融知识和消费者权益保护知识，提升弱势群体的金融知识水平。

二、以客户为中心优化服务，分行持续开展特色金融知识宣传活动

分行组织开展了金融知识进企业、金融知识进社区、金融知识

进乡村、金融知识进校园等丰富多彩的宣教活动，结合典型案例，通过风险预警和风险提示等宣传方式和手段，有针对性地帮助消费者正确认识金融产品的风险，从源头上减少金融消费纠纷，保障消费者合法权益。

（一）传统线下金融消保宣教活动开展情况

1. 深化银校合作，深入推进金融知识进校园工作。2019年9月，在大学生活开始之际，为使同学们提高金融安全防范意识、有效减少校园金融诈骗的发生、提升金融素养和诚实守信意识，分行面向多家合作高校开展金融知识进校园工作。活动以"正确使用金融服务　倡导理性消费投资""保持冷静　珍惜幸福　远离非法集资""诚信保险保障　共享美好生活""提升金融素养　争做金融好网民"等为宣传主题，通过金融知识讲座、案例解析、宣传折页发放、关注"津彩交行"公众号等方式，警示广大学生加强金融知识学习、提高对非法校园贷的警惕，牢记正规的金融服务途径，避免上当受骗、透支信用。

2019年9月，自贸区分行联合人民银行天津滨海分行，走进天津滨海职业学院，开展了金融安全知识讲座。自贸区分行工作人员向同学们详细介绍了"校园贷"的类型、套路，以及"校园贷"暴力催债的不法手段，让同学们深刻认识到"校园贷"的危害。又与同学们分享了电信诈骗、求职被骗、刷单被骗、倒卖银行卡触犯法律的案例，并讲解了一些金融知识，如借记卡与信用卡、银行的种类及业务，反洗钱与非法集资知识等。讲座的最后，人民银行李培卓科长就天津滨海职业学院校园内已经出现的"校园贷"案例进一步阐述，希望同学们通过这次讲座能够认识到"校园贷"的危害，在以后的学习生活中提高警惕，切实保护好自身财产安全。

2. "交"灌金融知识，培育"小小金融家"。分行面向小学生开展"我是小小金融家"金融知识普及教育系列活动。活动旨在提高小学生的金融素养，提升对金融财富的认知，播种下小小金融家的梦想种子。活动过程中，分行工作人员化身为老师，精心设计活动环节，引导孩子们。在"认识人民币"环节，"老师"向同学们介绍人民币和常见外国货币，教同学们如何识别假币，通过对人民币防伪点的讲解，使同学们增强了保护自己经济利益不受侵犯的能力，学到新技能；在"谁是数学家"活动环节，每个班级选出几名代表进行比赛，看谁能够以最快的速度将不同票面的钞票拼凑成指定金额，此环节激发了同学们对于如何运用货币的浓厚兴趣；在"管好我的零用钱"环节，为了树立良好的金钱观、价值观，知道父母赚钱辛苦，不能随意挥霍金钱，"老师"会向孩子们普及管理零花钱和交通银行都有哪些业务可以让财富增值保值的知识，将理财的认知深植在同学们的脑海中。

"我是小小金融家"活动是一项互动性、趣味性十足、寓教于乐的金融知识宣传课程，通过认识货币、运用货币、管理货币几个环节，引导同学们树立良好的金融观念、丰富金融知识、拓宽视野，让同学们在快乐中收获了金融新技能。

为积极弘扬金融正能量、普及金融知识、防范金融风险、共建小康社会，2019年9月，交通银行天津滨海分行联合人民银行滨海新区中心支行走进滨海小外三部，共同举办"诚信伴我成长"金融知识进校园主题活动。工作人员及人工智能机器人娇娇带领同学们认识人民币、识别人民币、爱护人民币，为同学们树立自觉的诚信意识，养成良好的诚信习惯。

（二）疫情防控下加强非接触式服务渠道建设

在疫情防控常态化形势下，分行将消保宣传活动重心搬上网络，开展形式新颖的线上金融教育宣传活动。

1. 自制线上真人实景漫画，加强宣教效果。交通银行西南村支行员工自制真人漫画，为消费者讲述疫情期间典型案例，以"信用卡还款延期骗局""网上教学收学费骗局""防疫物资售卖骗局""抗议爱心捐款骗局""热心小伙爱心捐助被骗""个人信息保护"等模块现身说法,教育金融消费者远离金融诈骗陷阱,保护好自己的钱袋子。

2. 面向特殊群体精准投放宣教内容,提升宣传有效性。交通银行师范大学支行携手天津市聋人协会,共同录制了手语版"个人账户勿出借、积极防范疫情期间新型电信诈骗"案例视频。案例向广大金融客户展现了犯罪分子实施电信诈骗的方式方法、银行人员如何通过蛛丝马迹发现并成功堵截的案例,生动的案例在播放同时,配合手语老师全程翻译,以此实现金融宣教向特殊客户群体推广、提供消保知识,不断提升消费者的金融素养,关切陪伴消费者成长。

金融科技助推普惠金融创新发展

天津市互联网金融协会课题组　单露瑶

一、我国普惠金融的发展现状

《推进普惠金融发展规划（2016—2020年）》（国发〔2015〕74号）指出，普惠金融是指立足机会平等要求和商业可持续原则，以可负担的成本为有金融服务需求的社会各阶层和群体提供适当、有效的金融服务。我国普惠金融服务对象范围广泛，其中小微企业、农民、城镇低收入人群、贫困人群、老年人及残疾人等特殊群体属于普惠金融的重点扶持对象。

近年来，普惠金融事业稳步发展，主要表现在：第一，金融服务覆盖率进一步提升，基础金融服务可得性较高，特别是偏远地区居民金融服务可得性得到进一步改善；第二，金融产品和服务创新成效明显，数字技术与金融融合速度加快，数字普惠金融产品和服务覆盖率进一步提升，服务普惠金融目标群体的能力显著提升，数字普惠金融生态不断完善；第三，小微企业金融服务状况得到改善，企业银行账户服务流程极大优化，小微企业融资困难进一步缓解，普惠口径小微贷款增长迅速；第四，信用体系建设、金融消费纠纷非诉解决机制建设、金融知识普及教育等稳步推进；第五，金融对民生领域、农村地区的支持力度进一步加强。

二、普惠金融发展所面临的问题

(一) 基础设施建设不完善

一是服务网点覆盖率不足。普惠金融的重点服务对象包括小微企业、农民、贫困人群等,其客户群体数量庞大且分布区域较为分散,部分区域甚至是不易建立传统物理网点的偏远、贫困地区。目前,我国商业银行除了农村信用社、农村商业银行的网点下放至农村地区以外,其他商业银行的网点建设都止于县域。根据人民银行公布的农村地区支付业务发展总体情况显示,截至2018年底,县均银行网点56.41个,乡均银行网点3.95个,而村均银行网点仅有0.24个,农村网点建设数量不足将严重阻碍普惠金融业务开展。

二是征信覆盖率不足。金融服务体系的建设是完善金融基础设施的重要基础,而征信体系不健全是我国当前金融服务体系建设面临的重要问题。随着互联金融的快速发展,金融消费者数量激增,而我国现有的征信体系不健全且相关的征信产品与服务供给不足,无法满足金融市场需求。相关数据显示,截至2018年底,中国人民银行征信数据库收录自然人人数达近10亿人,而拥有贷款信用记录的只有约4.8亿人,征信覆盖率不到50%,与美国高达92%的征信覆盖率相比差距明显。征信数据缺失将增加信用风险,增大金融机构风控难度及长尾客户借款难度,制约普惠金融发展。

(二) 金融服务成本高

普惠金融具有覆盖范围广、长尾特征突出、复杂程度高等特点,金融机构在开展普惠金融工作时要承担较高的服务成本,这也是制约普惠金融发展的重要因素。

一是与大型客户群体相比,中小型客户的业务数量多、单笔业务资金量小,无法实现规模经济,业务成本消耗大。其中,投资顾问业务的成本问题较为突出,传统的人工投资顾问服务由于受限于服务成本，很大程度上倾向服务资产规模大、净值高的大型客户，导致缺乏信息渠道、金融知识水平低的中小型客户很难获得个性化的投资咨询服务。

二是普惠金融的服务对象分布范围广泛、数量规模大、客户特征复杂多样等因素使金融机构无法有效完成对目标客户的识别与定位，导致金融机构在开展业务时承担较高的客户成本。且由于信息采集成本高、效率低，金融机构很难及时有效地捕捉到客户的信息变化，因此在进行客户维护时也存在较大的难度。

（三）适用性产品供给不足

一是金融机构特别是商业银行的经营大多依赖大中型企业与客户，对相关的产品研发重视程度较高，而针对普惠金融服务对象的产品则相对较少，且多集中于小微企业贷款产品，无法有效满足普惠金融服务对象的多样化需求。

二是现有金融产品对普惠金融服务对象的针对性不足，产品设计复杂、业务流程烦琐，一些低学历、低收入及老年人等弱势群体在金融消费过程中存在无法判断风险、无法独立办理业务、无法按时履约、无法合理维权等问题。

三、金融科技推动普惠金融发展的优势分析

（一）加强普惠金融的商业可持续性

面对普惠金融服务对象数量规模大、结构特征复杂及信息有效性不足等问题，大数据、云计算及人工智能等金融科技的运用可以有效降低金融机构的服务成本，提升服务效率，增强普惠金融的商业可持续性。

大数据技术能够对数据规模大、价值量低、特征多样化的海量数据进行有效的整合与分析，有力改善有效数据缺乏、数据分析难

度大等问题,通过高效的数据运算提升数据的数量与质量,实现数据增值,有效降低信息获取成本,提升业务效率。

云计算技术可以通过云存储、虚拟化及分布式数据处理等技术进一步强化大数据的分析与运算,可以从海量数据库中挖掘出更多有价值的数据。同时,云计算技术还可以实现多方平台的资源共享,其中金融云平台可以为各大金融机构提供金融数据库、计算能力及相关的应用程序,帮助金融机构降低服务成本,有效实现规模经济。

人工智能技术以自然语言理解技术为基础建立场景和业务模型,通过构造上下文关联模式,实现自然叙述与智能理解功能,使咨询服务不断趋于自动化、智能化,提高服务质量和效率,实现对传统人工的替代,降低人力成本。

(二)提升服务可得性

传统金融机构提供金融服务的主要渠道是物理网点,但物理网点建设成本高、盈利能力低等特点使金融机构不愿下放网点至农村地区。而移动互联网技术的兴起,为这一问题提供了有效的解决方案,开拓了普惠金融发展的新道路。移动互联网技术的应用与普及,创新性地拓展了普惠金融的服务渠道,如手机银行、电话银行、网上银行、微信银行等移动服务渠道,打破了传统物理网点在时间、地点上的局限性,可以让更多的客户群体随时随地享受到多样化的金融服务。相关数据显示,我国手机银行业务成本仅是网点业务成本的1/35,有助于提升金融机构业务扩展的积极性。随着4G、5G等移动数字技术的快速发展,移动客户端的覆盖范围进一步扩大且产品操作难度不断降低,移动互联网技术以其便捷、高效的特性与独特的渠道优势及时满足客户需求,提升了金融服务的可得性。

(三）拓宽金融服务范围

大数据技术可以通过客户画像来精准定位目标客户并发掘潜在客户。金融机构可以运用大数据技术，加强机构内部与外部数据的连接与整合，以庞大的客户群体为基础搭建多元化的信息集合平台，全面采集服务对象信息。信息平台可以将服务对象的工商税务信息、支付结算、生活消费、投融资偏好及风险承担能力等信息通过大数据、云计算技术进行整合分析，实现对目标客户群体的精准画像，有利于金融机构批量挖掘更多潜在的目标客户，扩大普惠金融的服务范围。

人工智能技术通过对客户对话的分析与处理，可以发掘客户需求并有针对性地推荐金融产品，有效实现与目标客户的精准对接。智能客服的投放与使用优化了客户的金融服务体验，使更多的客户群体容易获得金融服务，也愿意享受金融服务，进一步拓宽了普惠金融服务的覆盖面。

（四）优化智能风险预警

金融机构可以利用大数据技术，建立更加全面的信用风险评级模型，通过对客户在线交易信息的整合，实时查明客户的财务及经营状况，准确地进行信用风险分析，有效降低金融机构的风险控制成本。大数据、云计算及人工智能等技术的结合可以实现对金融活动的模拟，从而强化金融风险的预测。大数据技术的应用能够采集到大量的多维度客户信息，云计算技术对采集到的数据信息进行量化与计算，并通过构建数据模型来进行市场模拟，实现客户行为预测，并达到风险预警的效果。

人工智能技术包括了认知、预测、决策和集成解决方案四个重要组成部分，其主要功能之一就是构建智能风险预警系统。智能客服通过机器学习与网络技术，利用大数据计算综合分析客户的资金需求，并根据不同客户的风险状况对客户进行自动分类，构建动态的风险预警机制。并且，智能客服能够为客户提供符合个人需求的金融服务，根据不同客户的风险偏好向其提供更加科学的个人投资建议，有效地为服务对象规避金融风险。智能风险画像技术的应用可以对客户的行为数据、信用信息等进行深度挖掘，形成标签化的数据体系，进而有效识别目标客户群体的实际状况，并通过模型分析来智能识别潜在的客户风险。在银行授信过程中，智能风险画像技术可以从海量的数据库中提取出多种数据特征，全面精准地刻画用户的画像，可以有效地实现风险的识别与评估。

（五）促进金融产品创新

区块链技术因其去中心化、数据共识及信息难篡改等特点而被广泛应用于金融产品创新当中，而基于区块链平台的供应链金融也是金融产品创新发展的重要方向。供应链金融可以有效解决金融机构对大中型企业单点授信的问题，通过让核心企业做担保的方式，来实现对其上下游供应商的授信。在此基础上将互联网与供应链金融进行结合，通过互联网将主要核心企业、以大型企业为主的上游企业及以中小微企业为主的下游企业进行综合联结，形成一条便捷、高效的融资链，不仅完善大中型企业的融资渠道，更能有效解决中小微企业融资难的问题。对于"三农"客户群体，金融机构可以针对其目标客户提供电商供应链融资产品，将电子商务与供应链金融结合，利用区块链信息不可篡改的特性建立数据共享体系，有效地为"三农"客户提供在线融资服务。区块链、供应链金融等创新方式的运用，可以促进金融产品供给的多元化，有效满足小微企业、"三农"等群体的融资需求。同时，要应用人工智能技术来强化金融产品和服务创新，完善对残疾人、老年人等特殊群体的无障碍金融服务。

TIANJIN
INTERNET FINANCE INDUSTY REPORT 2020

专 题

天津市金融科技业务创新优秀案例

随着金融科技的日渐普及和市场竞争压力的不断增大,天津市各金融机构对金融科技创新工作的重视程度显著提高,积极推进金融科技创新制度建设、创新项目投资、人才培养与引进等方面工作,在提升金融效率、降低金融交易成本、提高服务质量等方面成效显著。本专题对天津市金融机构在金融科技业务创新方面的优秀案例进行了汇编[①],希望可为各界人士了解天津金融科技创新情况提供参考。

一、天津银行

(一)制定并实施IT架构规划,促进架构创新和转型

天津银行对标金融科技发展趋势,结合"转型+创新"的双轨发展战略,以及云计算、人工智能等核心技术在金融领域的应用方向,从战略高度制定了《天津银行2018—2020年IT架构规划》(以下简称IT架构规划),明确了天津银行IT顶层架构,以及"传统区"与"创新区"齐头并进、风险隔离、以创新带动传统转型的发展方向,制定了科技发展的"2234"战略,同时在IT架构规划实施过程中,按照《金融科技(FinTech)发展规划(2019—2021年)》的指导要求不断进行优化和完善。

IT架构规划分为近期、中期和远期三个阶段:近期以创新架构为首要目标,搭建云计算、大数据、人工智能基础设施,并以此为

[①] 本专题案例信息由金融机构报送,《天津市互联网金融发展报告》编委会整理。

基础搭建互联网核心、线上自营贷款平台、统一风控平台、智能客服等应用；中期着力做精管理，聚焦大数据应用及传统核心向分布式核心的迁移试验，利用分布式架构搭建开放银行平台及移动门户；远期以做大业务为主要目标，进行传统核心向分布式核心的整体迁移。根据实施规划，天津银行制定了详细的时间表与路线图，并梯次展开8大战略工程，2019年已完成IT架构规划一期工程，实现了规划的近期目标，目前二期工程已正式启动。

（二）优化体制机制，提高跨条线、跨部门协同能力

在一期工程实施过程中，天津银行搭建了矩阵式项目管理组织架构，建立授权管理机制、问题与风险处理机制、激励机制、汇报与决策机制与资源管理机制等，突破部门职能的樊篱，打通线上线下，贯穿前中后台，实现科技业务一盘棋。同时，根据天津银行部分职能部门定位，建立科技派驻团队及产品经理敏捷开发模式，优化信息科技项目管理流程，提高科技产能。

（三）坚持核心人才战略，加大人才队伍建设

一是加大科技人才引进力度，截至2019年底，天津银行科技人员同比增长50%以上。二是梳理科技核心人才，明确未来三年在分布式技术、大数据、风控等方向的资源需求，制定核心人才选拔和考评机制，建立核心人才库和后备人才库。三是通过实际项目锻炼人才，同时加大科技人员培训力度，通过"外派内训"相结合等方式提升人员专业能力。

（四）推动大数据应用和数据资源化进程

1. 明确大数据应用规划，搭建大数据平台

天津银行在IT架构规划中明确定位了大数据平台的三年发展规划，通过一期工程实施，已完成基础大数据平台的搭建，目前已承载21家资产方的原始数据，完成基于大数据平台的统一风控、客户

全景视图、风险数据集市、贷中风险预警的建设，可以支撑风险分析与海量数据的计算资源供给，扩展能力和复杂计算能力得到很大提升。

2. 完善数据治理，推进数据资源化进程

天津银行制定了《天津银行股份有限公司数据治理政策》及《天津银行数据治理办法》，逐步建立起自上而下的数据治理体系框架，在此基础上推进数据标准落地工作。一是制定数据认责、数据模型、数据架构、数据服务、主数据管理、绩效考核等实施细则，建立一整套覆盖数据全生命周期的数据治理体系流程规则。二是建立数据认责机制，明确数据治理各参与方的职责和关系，形成归口管理部门牵头、全员参与的主动认责文化。三是结合一期工程建设，建立零售产品目录、零售指标体系、零售数据标准等，推进数据治理成果落地。目前，天津银行已建立起涵盖业务条线10大主题的1 345项基础数据标准及169项数据元标准，进一步夯实了数据应用基础。

（五）搭建私有云平台，初步建立私有云服务

天津银行搭建完成了私有云平台形成基础技术底座，实现统一应用支撑和基础资源管理，在提升性能的同时实现去"IOE"设计，采用分布式中间件、数据库满足资金安全、无损容灾的要求。基于私有云平台，天津银行初步建立私有云服务能力，涉及组件包括金融级分布式数据库、金融级分布式中间件、移动敏捷开发平台、大数据平台、人工智能平台、统一风控平台等。

（六）加快人工智能技术在行内的落地融合

实现从身份识别、风险防控到智能授信的全场景线上化，应用于"商超E贷""白领贷"等线上贷款产品；基于语音识别、语义理解、语音合成等AI技术，搭建智能客服系统，上线智能机器人、在

线客服和部分智能知识库，实现了智能自助挂失语音导航、自助业务咨询与投诉建议等功能，促使以人工服务为主的传统客服形态不断向智能化转变；开发财务报销流程机器人，利用OCR技术对发票自动识别、系统中自动录入，实现整个过程100%自动化，效率较之前财务人员肉眼识票并手工填录大大提升。

（七）建立分布式存款核心及会计引擎系统

天津银行加强分布式技术应用，完成分布式存款核心及会计引擎系统，实现对服务、缓存、数据、计算等的分布式处理，具备横向扩展、高性能和高并发业务处理能力，分布式核心系统混合业务场景处理效率明显提升，批量业务处理时间大大缩短；搭建微服务架构，按照业务功能及处理方式进行微服务拆分，满足业务的快速迭代创新。

（八）不断健全网络身份认证体系

网络设备安全管理方面，通过账号安全管理、网络设备服务管理、日志集中化等手段加强风险管控；基础网络安全管理方面，采用IP、MAC、ARP防欺骗、逻辑隔离、云盾—流量安全监控等手段检测和防范攻击和异常行为；分布式存款核心使用基于国密SM4对称算法的加密体系；新一代移动门户集成了CFCA云证通的SDK，基于第三方电子认证机构的签名服务，面向应用提供符合法律效力、安全便捷的数字签名和认证服务；在直销银行业务办理电子渠道上增加了人脸识别等相关网络反欺诈措施，系统通过人脸识别及身份证识别，完成身份信息采集、人脸图像采集及人脸比对服务。

（九）搭建技术平台，为提升金融服务提供系统支撑

建立用户中心、统一营销中心，搭建大零售业务营销整合平台和对公业务综合管理平台，为营销及绩效提供了统一的技术支撑；整合近3 000万互联网贷款客户，构建客户精准画像，赋能客户营

销；加速零售业务转型，搭建客户全景视图，打通线上与线下、B端与C端渠道，具备快速获客、精准营销能力；基于自然语言识别、机器学习、OCR等技术，建立智能客服系统，本地方言语音识别率达95%以上。

同时，通过一期工程的实施，天津银行在创新区已完成云计算、大数据、分布式数据库、生物识别、统一风控、自然语言处理等基础技术组件建设，完成IaaS、PaaS、DaaS三层技术架构搭建，形成面向移动互联网海量客户的产品服务与信息处理能力，依托于此技术架构，天津银行具备了进一步将金融服务融入民生领域的能力，为增强金融惠民和企业信贷融资服务能力提供了技术保障。

（十）引进敏捷开发平台，加强面向客户个性化需求的快速迭代能力

搭建完成敏捷开发平台，实现研发迭代、流水线、质量看板、快速部署等功能，提升研发效率并保障交付质量。基于此平台完成新手机App与大零售整合平台的敏捷开发和灰度发布，并积极尝试开发运维一体化模式，提升面向市场的快速迭代能力。

（十一）开展智能化网点转型，提升金融服务效率

天津银行于2018年初启动了智能化网点转型建设项目，旨在在以互联网技术为核心的平台基础上实现交易流程的优化、网点布局的重构、绩效考核体系的再造以及新技术的引用等目标，目前轻型、旗舰、综合三类智能化网点转型试点工作全面开展，首家"轻型网点""综合网点""旗舰网点"均已重装亮相。项目通过优化业务流程、完善厅堂规划、部署智能设备、运用金融科技、重塑营销模式、实现网点智能管理以及建设零售新业态等转型措施，搭建智能网点管理平台、无纸化平台、超级柜台客户端、移动展业客户端等系统，100余个交易流程实现自助化，配置智能机具超1 000台，

网点覆盖率达到100%，实现电子渠道、智能网点服务流程一致。

（十二）搭建统一风控平台，提升金融业务风险防范能力

天津银行基于大数据分析，形成涵盖反欺诈、申请评价、主动监测预警、智能催收、交叉验证功能5大核心风控体系，以及涵盖互联网业务管理平台、反欺诈系统、统一风控平台、大数据平台、外部数据管理平台、智能催收平台6大技术平台。同时，做好重点领域风控建设，建立个人消费类和个人经营类大数据风控模型，在统一风控平台基础框架上搭建线上贷款平台，实现34项多维度贷款数据监测，建立起交易反欺诈、风险政策、依赖外部数据的交叉验证、基于征信的信用模型4道防线，实现线上贷款智能风控。

（十三）健全网络安全管理体系，加强金融网络安全风险防控

针对互联网金融平台开放银行和场景应用规模不断扩大的特点，天津银行制定了《天津银行2019—2020年网络安全规划》，作为IT架构规划在网络安全方面的补充，明确了网络安全目标，以及网络安全管理和安全运营等方面的实施路径。以此为指导，天津银行建立了适应创新发展的网络安全管理长效机制，完善新技术在金融领域应用的安全性监测与主动防御，多维度构建"纵深防御、层层防护"的网络安全保护体系，网络安全工作多次获得外部嘉奖。2019年底，天津银行通过ISO 27001认证，获得UKAS（国际认证认可机构）和CNAS（中国合格评定国家认可委员会）双证书。

（十四）管理与技术手段并重，加大金融信息保护力度

一是制定了《天津银行数据安全分类分级标准》等与数据安全相关的制度，明确数据安全分级，对数据采集、使用、存储、传输和销毁的全生命周期提出了安全管控要求，避免敏感数据的丢失、泄露或篡改；二是在网上银行、手机银行等互联网信息系统中，使用安全隧道实现通道加密和双向身份认证，使用安全输入控件对用

户密码进行加密，建立多因素认证机制，同时每年对网上银行、手机银行等互联网类信息系统进行安全评估，确保安全控件、终端设备、App等符合国家和金融行业安全要求；三是开展数据安全管理专项整治，组织业务部门对数据安全进行专项排查，提升全行数据安全意识和保护水平。

二、天津滨海农商银行

——"风火轮"大数据智能风控系统群项目

（一）项目背景

为防范信贷业务审批提速带来的风险，天津滨海农商银行应用大数据技术建立"风火轮"大数据智能风控系统群（以下简称"风火轮"项目）应对信贷业务中的信息不对称问题，提供线上实时风险预警提示，应用于银行业的贷前、贷中、贷后全流程中，实现信贷数字化转型，在提高中小微企业客户满意度的同时，严控信用风险。

（二）项目目标

基于大数据技术建设的"风火轮"项目的目标是加强数据应用、实现数据驱动、发挥数据价值，主要包括风险预警系统、大数据风控系统、内外部数据接收与处理系统等，可全方位应用于信贷全生命周期各环节的风险监测管理过程中，提高贷前分析效率，改善贷中决策质量，优化贷后管理技术，实现预警信号监测、预警信号警示、预警信号回馈处理、实时风控、内外部数据采集并整合等数字化功能。通过行内外数据的整合实现数据丰富、准确、标准化、可验证和共享性，可自主研发适合不同客群、不同产品等个性化风控模型，实现客户标签化、风险预警及时准确、风控自动可靠、无缝融入业务应用流程，解决中小微企业客户融资难、融资贵的难题。

（三）项目应用

该项目在大数据平台基础上自主研发适合不同客群的风控模型，实现风控自动化、风险预警主动化、预警流程化、客户标签化、数据共享化、数据标准化。通过与行内信贷系统实时联动，从贷前准入、贷中审查和贷后监控全流程，降低客户融资成本，提高信贷审批效率，提升风险管控能力。分以下三个阶段实施。

第一阶段，搭建外部数据采集平台，实现外部关键数据的接入及应用：根据风险预警管理需要，结合同业外部预警数据接入及应用的典型实践，搭建外部数据采集平台，接入工商、法院、征信、税务、舆情等权威数据源的外部数据，满足银行预警管理工作对外部关键风险数据的应用要求。

第二阶段，搭建风险预警系统和大数据风控系统，实现前瞻、先进、主动的大数据风险管理：利用分布式的大数据平台整合内外部风险预警管理目标的多源异构数据，设计数据ETL加工处理方案；采用监管部门数据质量标准，为风险预警应用提供准确、规范、及时的数据支持，实现覆盖授信客户、作业流程、贷款分类、账务交易、财务报表、押品、人行征信、银保监共享、工商、法院、舆情事件等信息的全面整合应用；构建基于行内、行外大数据支撑的风险预警决策信息平台，实现客户风险信息统一视图管理、客户风险监测指标及预警信号识别管理、客户关联关系及关联风险信号传导管理、客户风险内控名单管理、预警效果后评价管理等核心的预警应用功能，满足授信业务全流程风险监测及客户风险预警管理的要求。

第三阶段，根据合规监管，设计信贷系统预警信号处置配套建设方案，实现预警全生命周期线上化管理：设计符合行内发展规划的总行、中心支行、分支行等各级风险监测及预警管理体系；实现各级人员对风险信号的分级处理，提出不同风险级别及处理流程的差异化设计方案；实现信号识别、排查、认定、处置、跟踪直至解除的预警全生命周期线上化流程管理，并将风险预警应用于客户营销、客户准入、径直调查、贷中审查、贷后检查等信贷全流程中，实时推送风险预警信号，起到较好的风险防范效果。

（四）项目亮点

"风火轮"项目实现了"大数据四化"：客户入口多样化、风控自动化、核保面签标准化、风险预警主动化。

1. 客户入口多样化。通过大数据分析，圈定目标客户群体，从微信、官网、支付宝、税务等多方入口引流中小微企业客户。

2. 风控自动化。通过大数据技术实时获取客户主体资格、经营情况、舆情等风险信息，自动生成审批报告，为客户计算风险收益和贷款定价，将符合天津滨海农商银行需求的客户主动推送给客户经理。

3. 核保面签标准化。制定移动化、影像化、无纸化、标准化业务流程，通过大数据技术实时从工商、法院、公安等权威数据源核准客户信息，探测客户风险，降低对客户经理的素质要求。

4. 风险预警主动化。根据客户信息变动、经营情况、舆情分析、还款来源、押品动态估值等信息，自动生成贷后报告和预警信号，以便及早发现，及早处置，达到化解风险的目的。

5. 过程管理。为了更快更好地实现系统应用，天津滨海农商银行借鉴同业先进经验，采用迭代式开发，分步实施，分目标落实到人，小步快跑，使系统快速上线，不断优化系统，以下是主要实施过程：

2018年9月，同业现状调研与需求分析；

2018年10月，系统架构设计；

2018年10~12月,系统开发、测试;

2018年12月,系统对公部分上线;

2019年5月至今,系统全面上线,系统优化、产品创新。

6. 效益。"风火轮"项目的投产,很好地实现了数字化转型,实现数据驱动,发挥数据价值,支撑了面向不同客群研发的"科创贷""税e贷""喵喵贷""菁英贷""公e贷"等一系列新产品,线上线下相结合,服务上百万客户(其中小微客户1万多户),共放款600多亿元,极大地提升了服务中小微企业的普惠金融能力。

7. 运营。"风火轮"项目自2018年12月上线以来,系统运行稳定,每日监控数万户中小微企业及关联方,每月实时审批10万多笔交易,应用负载均衡可承受峰值高并发冲击。

8. 经验总结。"风火轮"项目通过提供自动化风控和主动风险预警,大大提高了贷前审批和贷后管理效率,减少了操作风险,并可及时处置风险,进一步加强了银行风险防控工作,切实处置了一批重点风险点,消除了一批风险隐患,提升了服务中小微企业的能力。

三、中国银行天津市分行

——加强整体规划,促进科技工作与一线业务融合

(一)项目简介

为扎实做好2020年信息科技条线各项工作,根据中国银行总行科技工作要求,规划制定《天津市分行2020年信息科技条线工作要点》,中国银行天津市分行召开信息科技条线工作会议,部署科技相关工作,抓好各项工作的推动落实。

建立"服务经理制"。天津市分行信息科技部总经理一名成员+服务经理直接对接各管辖分支行和分行各部门;实施科技服务热线全覆盖管理,网络故障、设备故障、应用系统故障及服务咨询统一入口、单点统筹；通过二维码问卷方式，收集基层各类意见和建议，积极分析采纳，落实问题改进，提升服务满意度。

建立"月度重点任务"机制。天津市分行信息科技部将申报的重点工作通过部门办公会进行审议，确定月度重点工作任务。通过项目宣讲、公开征集、自愿报名、双向选择等方式，确定任务负责人和组员。以"1+3"模式建立柔性工作组，通过该模式打破了固有的团队界限，激发了员工主观干事创业意愿和工作潜能，增加跨团队的工作场景，通过不同组合提高工作效率。

结合分行"定岗定编"工作，完成信息科技团队职能调整和岗位重新梳理。通过双向选择，人岗匹配方式，达到工作内容全覆盖及岗位A/B角配置，通过强化岗位的兼容性、杜绝因人设岗，进一步激发员工主观能动性和工作活力。

（二）项目实施价值及效果

2020年天津市分行信息科技部通过整体规划，调整部门基础架构及优化服务流程，使科技工作与一线业务深入融合，部门内部开放融合，激发活力，提升效率。通过多种工作机制的建立，加强内部管理创新，着力解决科技转型升级过程中的体制问题，合理优化服务流程，理顺职责关系，集中内外部资源，更好地发挥科技引领驱动作用。

（三）后续的发展及展望

天津市分行将继续认真贯彻总行"激发活力，敏捷反应，重点突破"战略，坚持科技引领，支持分行数字化转型，坚持创新驱动，优化内部服务机制，提升分行特色业务产品在同业的竞争优势。主动跨前，为全辖提供全方位多维度的信息科技服务，提升科技价值创造能力。紧密结合实际，聚焦问题，敏捷行动，扎实推进各项工作目标，取得显著成果。

——整合资源，开放思维，建立三级科技条线队伍

（一）项目简介

天津市分行落实的具体方法是，建设三级科技条线队伍。摸底全辖科技人才，各管辖行配置计算机管理员+业务骨干承接科技条线安全生产和数字化转型工作；各经营性支行行长+科技助手承担网点数字化专员职能；分行部门配置一至两名科技专员，加强数据应用及需求获取，打造信息科技部、科技顾问、数字化专员三级科技队伍体系。科技队伍人员向IT服务体系输入创意、经验、成果，输出标准型、融合型、定制型多种解决方案，形成技术与业务高度融合、互为补充、互为促进的开放交流平台。

（二）项目实施价值及效果

三级科技条线队伍的建立，带动全行学习科技、掌握科技、应用科技，将数字化理念融入日常工作，培养一批具有科技意识、科技思维、科技能力，与业务高度融合的复合型人才，分行信息科技部牵头科技条线队伍建设和能力提升工作，开放思维，整合资源，先试先行，为全辖搭建科技赋能平台，支持全行数字化转型工作。

（三）后续的发展及展望

为培养一支具有战斗力的科技条线队伍，通过科技能力学习、科技能力提升、科技能力运用等系列措施，面向科技条线队伍人员开展科技资源推介和交流培训；定向培养部分条线的专业人才，以数据密集型条线部门为试点，培养"金融+技术"的综合型人员；力争形成部分业务产品领域的复合型专家，他们熟悉业务和科技背景，深耕业务场景和科技内涵，能够运用科技思维提出优化和改进方案，促进全行科技能力的提升，为业务发展保驾护航。

——"5G智能+民生馆"

（一）项目简介

中国银行"5G智能+民生馆"实现5G网络信号覆盖，为广大客户提供5G"闪电般"的速度体验，"秒"下载中国银行手机银行App。

在跨境金融区，使用5G技术搭建视频平台，客户可以与留学服务客服、旅游服务客服面对面咨询交互，体验线上线下融合、金融与非金融的新服务模式。在"5G智能+民生馆"中，"智能"就是让科技变得更人性化，知您心，懂您意。"5G智能+民生馆"运用了智能识客、刷脸取款、外币智取等多重智能元素。客户到店时智能识客系统将识别客户，并提示客户经理主动服务。小额取款时已经无须携带身份证或者卡片，依靠刷脸就可以在现金智能柜台上完成取款操作。跨境兑换时可以通过基于物联网技术的"外币智取通"体验预约外币、后台封包、自助领取的外币服务新流程。运用新零售电商思维，将在线预约、网上购物、快递柜等理念引入银行，结合金融服务特点打造全新"O2O"式的外币取现服务新模式。未来，这种模式还将扩展至存款证明、贵金属、纪念币等领域，成为银行的"O2O"智能化实物交付模式。

"5G智能+民生馆"以科技创新为关键支撑，以"金融服务民生"为主题，建设科技元素云集、经营理念先进、形象焕然一新、引领发展趋势的智慧网点，是中国银行向市场、向大众、向未来的持续响亮发声，展现中行新战略执行成果和科技创新能力，体现中行与国家、与客户、与时代共成长，彰显国有大行的责任与担当。

（二）项目实施价值及效果

"5G智能+民生馆"自2019年9月25日正式投入运营以来，引起了市场的广泛关注，这种以智能化与客户体验优化相结合的银行线下渠道新形态，正在改变多方对于传统银行网点转型的观念和认知。经过半年多的运营，该项目实现了"敏捷反映市场需求，充分激发网点活力，重点突出品牌价值"的建设初衷，展现了中国银行新战略执行成果和科技创新的能力，彰显了国有大行的责任与担当，赢得了社会各界的广泛好评。

（三）后续的发展及展望

"5G智能+民生馆"作为长期实验室，将持续挖掘与实践5G与金融融合应用场景，实现网点科技与人性体验、品牌与个性特色、线上与线下场景、金融与非金融生态的结合。通过聚焦智慧、便捷、数字化、民生化金融服务，改变传统网点服务形态，弱化交易处理的属性，进而发掘新时代网点的优势和价值，让网点服务更有温度、更加便捷。

——智能柜台提升金融服务效率

（一）项目简介

中国银行天津市分行全面推进以智能柜台为核心的线下智能服务体系建设，共计投放包括综合型和加强型在内的智能柜台（厅堂版）设备近570台，覆盖所有经营网点。在总行的大力支持下，为丰富产品类型、完善服务场景、扩充业务介质、整合设备形态，中国银行天津市分行陆续投放和试点了一批新形态智能柜台设备，包括与社保中心合作在天津地区最先实现规模投放的智能柜台社保卡自助发卡设备；带有港澳通行证核验功能的智能柜台；较传统现金存取设备更加快捷、更加人性化的现金版智能柜台；在天津同业中首家推出的"线上预约、线下自助提取"的外币智取通智能柜台；在细分客户需求的基础上，试点投放了具有自助办理查询、流水打印及小额金融业务的无感智能柜台和集双录功能于一体的智能茶几设备；在智能柜台上全面引入了红外人脸识别技术和联网核查技术。

此外，中国银行天津市分行加快推进走出去的移动银行建设，率先投放了支持网点内外"一机两用"的移动智能柜台，并以此为载体，通过银政合作联动，在世界智能大会上推出了针对企业客户的一站式对公开户、产品签约等业务办理新模式。2019年，中国银行天津市分行还在天津地区率先推出了以智能化与客户体验优化相结合、强调"功能分区、业务分流、客户分层"理念的线下渠道新形态——"5G智能+民生馆"。"5G智能+民生馆"突出了智能融入民生、金融回归本源的理念，把新技术的运用融入对新时代客户服务的理解中，重点聚焦诸如社保、跨境、出行、普惠等民生关心关切的焦点上，通过场景化的构建，重塑客户服务的形态，将网点厅堂打造成为一个有特色和有内容的客户服务和体验中心。

（二）项目实施价值及效果

智能柜台的大规模投放和人脸识别技术的广泛使用，实现了银行网点由线下渠道柜台办理向自助办理、由员工操作向客户参与、由客户围着柜台转向银行围着客户转、由以业务处理为中心向以客户服务为中心的转变，大大提高了业务办理效率和客户体验。目前，个人业务领域90%的业务场景已迁移至智能柜台办理，智能柜台已经成为银行业务办理的主渠道，在提升业务效率的同时，为网点人员优化调整创造了条件，大量的人员从柜台走出来，实现了对客户的精准营销，提高了客户的服务水平。另外，中国银行天津市分行通过科技引领，依托双方在数据资源和设备平台的各自优势，积极开展银政合作联动：推出的社保卡自助发卡设备，实现了从申请、制卡、开卡到激活社保功能的"一站式"服务，业务时长由目前柜台发卡模式的20~30分钟缩减到10分钟以内，服务效能大幅度提升；推出的"移动智能柜台对公开户"的场景产品，实现了企业开户无须预约、无须填单、一键签约、一次签署、一站开通的"客户在哪里，柜台就开在哪里"的全新服务模式，开户时间仅为原有的三分之二，大大缩短了客户的等候时间。

（三）后续的发展及展望

中国银行天津市分行围绕智慧运营和网点转型，持续推进网点智能生态建设，深化线下柜面业务迁移离柜，从对公、对私两个领域拓展智能设备服务范围；完善数字化分析手段，支持内部运营，聚合客流统计、客群画像、产品画像、经营画像，为内部管理和精准营销提供数据支持；完善全动线营销模式，支持到店客户人脸识别，自动获知到店客户层级，并建立信息触发机制，提高客户营销的目标性和成功率；构建多元化获客触点，完善客户渠道，构建家族化的智能化渠道集群，满足面对不同客户、不同场所、不同场景的营销服务要求。建设智能化金库，结合集约运营及流程优化提升对基层的支持保障能力，规划设计智能型、综合化金库；建设新一代集约运营平台；构建运营风险控制平台；加快集约运营实施。

——通过"企业开办一窗通"实现银政合作

（一）项目简介

2019年，天津市政府响应国务院进一步提升企业开办便利度工作的要求，指定天津市政务服务办公室牵头协调各部门开发"政务一网通"平台系统，实现企业开办"一网通办""只进一扇门""最多跑一次"。经天津市市场监管委与政务服务办协商，决定由市场监管委牵头协调网信办、公安局、税务局、人社局等部门在原"天津市企业登记全程电子化服务平台"的基础上升级改造，按照"政务一网通" 平台的统一界面标准，先期开发"企业开办一窗通"服务系统，实现企业设立登记、公章刻制备案、银行预约开户、税务发票申领、社保登记、授权划缴协议网签等业务的线上全流程服务，使企业开办时间压缩到一天，后续陆续完善平台功能，再增加公积金业务办理等服务。待"企业开办一窗通"系统运营稳定后，再将该系统整体迁移至"政务一网通"平台进行统一展示。

基于中国银行天津市分行与天津市政府全面战略合作协议及与市场监管委共同开发"电子营业执照E线通"系统打下的良好基础，中国银行天津市分行作为首家试点银行，全程深度参与项目开发建设，并于2019年10月1日正式上线"企业开办一窗通"平台，通过整合企业数据及金融服务信息为企业提供从工商注册登记到银行预约开户、税务、社保等事项办理的一站式便利服务，真正实现"让数据多跑腿，让企业少跑路"，为完善天津市线上线下一体化发展的政务服务体系作出贡献，为银政合作探索创新服务模式，为推动"智慧政务"领域工作全面发展奠定基础。

（二）项目实施价值与效果

"企业开办一窗通"极大地简化了企业办事流程，提升了办事效率，助力了天津市商事制度改革，改善了企业营商环境。同时，通过银政合作，中国银行天津市分行将金融服务触角延伸至企业开办初期，进一步实现金融与企业商事业务办理相融合，实现场景互通、信息共享，促进智慧政务体系建设。目前，天津市近95%企业开办申请已实现网上办理，自系统2019年10月上线至今，中国银行天津市分行累计为1 200余家新注册企业提供金融服务。

（三）后续的发展与展望

中国银行天津市分行将继续围绕天津市政务一网通办的工作安排，密切与天津市场监管委合作，着力推进"企业开办一窗通"二期项目建设，将社保签约、公积金签约等迁移至"企业开办一窗通"平台，不断丰富线上服务功能，并增强大数据应用及场景建设，将金融服务渗透到企业全生命周期，促进企业投资便利，全面提升政银服务水平，全力推动天津市智慧型、服务型政府建设。

——优化企业信贷融资服务

（一）项目简介

"中银税易贷"是中国银行天津市分行以中小企业增值税纳税数据与纳税信用评级等信息为主要依据，向纳税记录良好且符合"信贷工厂"准入标准的中小企业提供信用贷款的授信业务。

"中银税易贷"授信额度最高可达300万元，一次授信后，在额度期限内循环使用，随借随还，按实际使用天数计息，还款方式灵活多样，执行利率按照中国银行天津市分行中小企业"信贷工厂"定价相关管理规定执行。

"中银税易贷"产品线上申请模式，实现了"线上获客、线上与线下审批相结合、线上预警"的功能。

（二）项目实施价值及效果

2018年10月11日上线以来，"中银税易贷"业务通过线上初审并成功派单625户，已实现批复174户（共授信35 593万元）、已投放161户（共授信26 328.1万元）。

（三）后续的发展及展望

下一步，中国银行天津市分行将通过开发和提升系统，实现技术端直连，在客户端与销售人员端实现直连互通，使客户申请可选择的机构第一时间获知客户信息并反馈结果，第一时间安排客户经理上门拜访。同时，进一步降低线上申请准入门槛，包括降低销售收入增长率准入等财税指标，切实落实金融普惠政策，使更多的企业受益。

四、中国农业银行天津分行

——建立柔性团队,深化科技复合型人才队伍建设

(一)建立分行级柔性团队

中国农业银行天津分行按照数字化转型统一部署,围绕数字化转型重点工作,打破传统壁垒,建立集产品创新、开发运维、市场营销、业务管理于一体的业技融合、联合作业的柔性团队,显著提高创新的速度与效率,推动该行数字化转型工作更进一步。柔性团队建设坚持业技融合原则,敏捷实施项目研发;坚持联合作业原则,强调集中办公、集中作业;坚持四位一体原则,融合产品经理、数据分析师、项目经理、客户经理四支队伍,发挥各自优势,统一目标、有效协同;坚持责权统一原则,给予柔性团队在研发和营运层面一定的授权并建立容错机制,提高决策效率,增强机动性和积极性。

(二)建设数字化转型四支队伍

中国农业银行天津分行大力培养金融科技复合型人才,建立科技复合型人才库,为深入推进数字化转型奠定坚实的人才基础。

一是产品经理队伍。建立并明确产品经理的工作职责和履职规范,强化产品经理技术、业务纽带作用,提高其相关业务和技术领域的需求研发和设计能力,落实产品经理在产品创新和研发中的主导地位。二是数据分析师队伍。建立专业、专职的数据分析师队伍,开展数据分析挖掘工作,强化专兼职数据分析师培养,通过定期培训、研讨、宣传、活动,提升全行数据创新、数据赋能能力。三是科技项目经理队伍。健全和完善科技项目经理的管理评价机制,增强对科技项目实施全过程的组织、协调和控制,提升科技项目的研发质量和响应效率,促进科技项目经理人才的创新性、专业化、复合型能力建设。四是客户经理队伍,充分发挥客户经理作为

市场触角的关键作用，培养一批懂业务、懂数据、懂场景的专业化客户经理队伍。

（三）组建售前工程师队伍

科技部门要为前台做好服务，试点组建科技售前工程师队伍，深度、全程参与客户营销，为客户提供更加专业化的金融服务。售前工程师加入客户营销团队，协助客户经理做好营销方案制定、客户拜访等工作，针对农业银行天津分行产品，向客户解释技术特点、宣传技术优势，收集客户的技术需求，制定个性化解决方案，组织做好技术对接。售前工程师加入商务合作团队，协助客户经理参与招投标，负责客户技术服务需求应答、技术方案编写、参与商务谈判等工作。

——强化大数据平台建设，发挥大数据实战效能

农业银行天津分行持续提升大数据实战能力，让数据发声，持续支撑全行精细化管理各项工作，将数据赋能落到实处，促使经营管理不断焕发新的活力。

一是建设数据分析师队伍。农业银行天津分行建立了专业的数据分析挖掘团队，强化专兼职数据分析师培养，通过培训、研讨、宣传、活动等形式，初步形成全行数据创新良好氛围；建立数据分析师评价机制，按照积分管理模型对兼职数据分析师进行评价考核，保持队伍活力。

二是搭建大数据基础技术平台。农业银行天津分行早在2015年就搭建了分行级大数据平台，平台涵盖了数据集市、数据仓库、数据挖掘、数据检索、作业调度等服务功能。基于该平台，该行在精准营销、风控建模、运营管理等领域均取得了突破性成果。

三是运用大数据与业务深度融合。农业银行天津分行基于大数据基础平台，建设了一批支持经营、管理、决策的数据分析平台，极大地提升了农业银行天津分行精细化管理水平、精准营销能力和数据辅助决策能力。例如,通过绘制客户画像、产品画像,初步形成线上线下一体化的数字营销新模式。

——积极探索人工智能领域技术应用

借助总行人工智能基础服务平台,农业银行天津分行积极打造智能机器人应用,简化业务流程、重塑业务流程、释放人力效能。

一是引入RPA机器人技术。农业银行天津分行将在发票核验、账户年检、信息比对等业务处理过程中重复、高频、规则明确的人工操作通过软件机器人进行自动化处理,从而减少人工差错、降低管理成本、提高生产效率。

二是引入客服机器人技术。农业银行天津分行利用客服机器人技术为基层业务、技术人员答疑解惑,打通企业微信、该行知识库系统,用户在企业微信中与机器人对话,提升运营效率、降低运营成本。机器人通过自主学习,不断丰富知识量,智能化、自动化提升知识匹配准确度。

三是引入语音、语义识别技术。农业银行天津分行在网点超级柜台、智慧货架等渠道加入语音导航功能、语义识别功能,营造"金融服务更懂你"的客户至上服务环境。

四是研究图计算技术。农业银行天津分行应用图计算技术,构建各类关系图,探索图计算技术在客户关系分析、客户画像构建、产品精准营销、潜在高价值客户挖掘、担保圈风险识别、反洗钱及反欺诈等业务领域中的创新应用。

——丰富互联网产品线

农业银行天津分行高度重视互联网业务发展,结合天津市区位优势及自贸区政策优势,依托总行互联网技术平台,加快互联网金融产品布局，持续完善线上服务能力。

一是建设了极富区域特色的互联网跨境电商平台。该平台实现了跨境业务信息流、数据流与资金流的汇聚，大大提高了国际购付汇业务效率，将合同信息和结算方式完全解耦，使贸易及结算方式更加灵活、便捷，同时提供在线信用证申请、审批、开立功能。

二是推出了互联网保函集中开立业务系统。该系统对现有保函业务流程进行优化再造，采用资料电子化传递等方式，减少客户资料在途时间。客户通过该平台，可在线发起保函申请并传输保函业务审核所需资料，无须往返银行，在风险可控的前提下大大提高了业务办理效率，满足了企业客户经营发展需要，进一步提升了分行保函市场同业竞争力。

——发挥金融科技力量，增强金融惠民服务能力

一是金融科技服务医疗，发挥科技防疫关键作用。面对防控工作需要，按照市区两级财政要求，2020年春节期间农业银行天津分行开通了直接和授权支付等财政业务，打通应急资金支付渠道，确保银财通系统正常平稳运行，保障政府机构、防疫相关企事业单位取现、专项资金拨付特事特办、高效支付。在总行的大力帮助和精准指导下，农业银行天津分行帮助某三甲医院成功上线线上诊疗系统，为抗击疫情尽绵薄之力。为配合防疫工作需要，农业银行天津分行启动医保电子凭证推广活动，未来医保电子凭证将广泛应用于医保查询等医保各业务场景。

二是金融科技支持教育事业发展，突出"智力+科技+资源"。农业银行天津分行紧跟总行"智慧客户建设"的战略部署，突出强化"智力+科技+资源"三大关键要素的支持力度，积极服务教育行业客户，全面提升客户信息化建设水平，支持客户自身发展。

三是金融科技服务民生，社保卡片传真情。2019年6月底，芦新河村委会为农业银行天津分行送来一面锦旗,上题"农行心系老百姓　社保卡片传真情　不忘初心优服务　金融保障惠三农"烫金大字。农业银行天津分行为方便群众,创新了社保卡上门发卡和社保卡批量即时制卡两种服务模式,可上门为老百姓开立社保卡。农业银行天津分行员工常常牺牲休息时间,加班加点,进村入户,尽最快速度为有需求的群众开立新的社保卡。2020年3月,农业银行天津分行还上线了天津市退役军人专用社保批量缴费系统,为广大退役军人提供高效、暖心的优质服务。

四是金融科技服务政务,实现"一网一门一次"新模式。农业银行天津分行与天津市市场监管委开展全面战略合作,开启了企业账户开办"一网一门一次"的新模式。

五、中国工商银行天津分行

——RPA应用和金库智慧运营建设项目

(一)RPA应用

RPA是Robotic Process Automation的缩写,直译为机器人流程自动化,又可称为数字化劳动力,是运用智能软件模拟并增强人与计算机的交互过程,执行基于一定规则的可重复任务的软件解决方案,能够提升企业自动化效率、降低人力成本和运营风险。

工商银行天津分行第一时间与总行实验室取得联系,结合业务需求,在分行落地RPA运行平台,并成功投产了单位结算账户RPA备案项目。该项目是在人民银行天津分行执行取消企业银行账户许可制度,银行为企业客户开立、变更、撤销基本和临时存款账户由核准制改为备案制的大背景下产生。

工商银行天津分行原单位结算账户备案工作均由网点人员手工完成,不仅工作量大,重复性强,占用大量人力时间,有时还会因为工作疏忽出现遗漏备案、备案信息有误等情况，不能满足人民银行监管要求。为管控企业银行账户备案合规风险，提高录入准确性和效率，减轻网点开户工作压力，工商银行天津分行将RPA应用于单位结算账户管理，实现人民银行账户管理系统的自动备案。

（二）人工智能、物联网应用

工商银行天津分行依靠总行实验室的研究成果，合作实施了分行金库智慧运营建设项目。该项目应用移动互联网、物联网、人脸识别、GPS定位等技术，实时精准定位押运车辆，实现信息互联互通、实物流转，把现金实物物流和人员风险管理整合成完整、连续、高效的智能化车辆调配和系统化风险管控平台，有效压降运营成本、强化风险控制、提升管理效能。通过各类新技术的应用，涵盖押运方面、金库管理方面、网点接车方面等各个环节。

该项目较为庞大，正在按照功能点分期分批实现。截至2020年4月，已经实现了车辆GPS采集、路线展示和部分场地基础设施的搭建工作。

六、宁夏银行天津分行

——加强统筹领导，完善体系建设

金融科技发展是银行高质量发展的必要条件。宁夏银行从总行层面便十分重视，成立了金融科技部，并设置了首席信息官的行级职务。宁夏银行天津分行层面成立了由分管信息科技的行级领导任工作小组组长的"网络安全与信息化建设领导小组"，研究制定了网络安全工作和信息化建设指导方针、总体目标、发展规划和检查考核体系，确保分行的科技发展能够统筹协调，科学谋划。

——制定分级分类风控规则,提高风险识别和处置的准确性

为更好地提高金融业务风险识别和处置的准确性,宁夏银行天津分行制定了分级分类的风控规则;建立了全流程的网络安全技术防护体系,加强网络安全态势感知,健全网络安全应急管理体系,优化容灾体系建设,实现两地三中心数据中心建设;定期开展金融信息安全内部审计与外部评估,定期开展等级保护测评。

七、中信银行天津分行

——通过"链式营销"推动分行业绩提升

中信银行天津分行结合市场形势及全行业务发展,利用总行大数据技术"对公客户结算资金网络"营销模型("链式营销"模型),围绕结算资金"进得来"和"留得住"两个方向,通过"挖掘客户信息、提升客户体验、变革营销模式、监测客户风险"四个实施路径来实现对公客户链式营销工作,取得了较好的营销成果。

"链式营销"模型利用分行内部客户交易数据,外部工商、互联网数据,挖掘提炼出有价值的客户信息,形成客户标签,塑造客户画像,使该行可以快速准确掌握客户信息,了解客户动态。

同时,银行基于对公客户画像,可以确定客户的交易习惯、交易额度和交易频率,分析客户对不同产品的使用情况,为客户提供个性化的营销和服务。分行基于对公客户画像及交易网络图谱,以核心客户作为链式营销切入点,深入客户上下游结算体系,针对目标客户开展链式营销,批量获取客户,形成客户结算资金在分行的闭环流转和循环承接。

"链式营销"模型还能够提供对客户交易情况的跟踪分析,实现对客户资金交易及现金流的异常情况进行预警,为分行决策提供参考信息。

——借助"互联网+"增强金融惠民服务能力

中信银行天津分行强化金融服务意识,积极探索金融惠民创新服务模式,借助移动金融手段将金融服务深度融入民生领域,拓展金融服务在医疗、社保领域应用场景。2019—2020年,中信银行通过手机银行App成功推出"互联网+医保"和"电子社保卡"业务,实现主要民生领域的金融便捷服务覆盖,进一步提升分行在社会保障、医疗等公共服务的便利化水平。

(一)成功推出"互联网+医保"

随着我国人口异地流动日益频繁,"互联网+医保"发展日新月异,传统的实体卡已经不能满足群众大量异地和线上服务需求。国家医疗保障局自成立以来,着力部署建设全国统一、高效、兼容、便捷、安全的医保信息平台。医保电子凭证是全国统一的医保信息平台的重要组成部分,是参保人办理医保线上业务的身份凭证,由国家医保信息平台统一生成,全面用于医保各项业务。

中信银行积极响应国家医疗保障局号召,成为首家经国家医疗保障局授权、可提供医保电子凭证服务的银行。天津分行按照总行统一要求,积极配合各级医疗保障局全面推广应用医保电子凭证,努力提升医保治理现代化、科学化、精细化能力和水平,促进互联网医疗健康产业发展。

2020年第一季度,中信银行手机银行App在业内首家推出医保电子凭证激活服务,天津地区成为中信银行首批试点城市。目前,居民可通过手机银行App的"全部服务"—"生活"—"我的医保"申领医保电子凭证。该功能的成功投产,意味着天津地区居民可通过银行渠道,方便快捷地申领使用医保电子凭证。居民可通过手机银行App医保电子凭证功能实现参保身份认证和授权、医保扫码支付、诊间结算、年度医疗费用查询等多场景功能。

（二）成功推出"电子社保卡"

社会保障卡（以下简称社保卡）在就业服务、社保缴费与待遇领取、就医购药结算及其他民生服务方面广泛应用，成为人们方便快捷享受民生服务的身份凭证和重要载体。随着社会和技术进步，特别是"互联网+"服务新业态、新趋势的发展，赋予社保卡"网卡"形态，实现社保卡线上线下融合，成为一种必然要求。为顺应移动互联网线上服务发展趋势，提供便民利民服务，中信银行积极响应国家人力资源社会保障部号召，完成与国家人社部电子社保卡平台一点接入，成功搭建中信银行手机银行App电子社保卡申请平台。

2019年第三季度，中信银行手机银行App成功推出电子社保卡申领服务，天津地区居民可通过手机银行App的"全部服务"—"生活"—"电子社保卡"申领电子社保卡。居民可通过手机银行App电子社保卡功能实现参保身份认证、签发、支付和账户管理等多场景功能。电子社保卡服务的上线打通了中信银行天津分行线上与线下的社保服务体系。

近年来，中信银行创新推出了多种普惠民众的金融科技产品，践行了金融科技服务民生的初心和宗旨。中信银行研发的金融级分布式事务数据库、"中信大脑"、全渠道风险防控体系等金融科技产品，进一步提升了客户体验，为客户提供了更加安全、高效、便捷的金融服务。

——加强落实金融网络安全风险管控的实践

为落实《中华人民共和国网络安全法》等国家网络安全法律法规及相关制度标准，中信银行天津分行持续加大网络安全管理力度，按照总行规范和部署，结合自身网络安全管控现状，从网络设备纳管、设备配置基线、网络监控、入网准入和网络区域划分六个方面不断加强管控效果。

（一）网络设备统一纳管，操作用户分级管理

按照总行网络集约化运维的工作部署，分行所有网络设备集中纳管到堡垒机，以"核心级别设备"和"低风险类设备"分类，上收本地管理员权限，再通过堡垒机的授权、审计功能，防止非授权访问和配置修改。网络变更时，通过ITSM流程平台，完成变更申请—审批—评审—变更步骤拟定—网络设备操作高权下发—双人复核变更—回退或完结，整个流程有效地降低了操作风险。

（二）网络设备配置有基线，风险可控安全有保障

按照总行网络配置基线，分行所有网络设备入网前参照基线配置标准：关闭高风险服务端口、限制登录范围（只允许堡垒机IP）和错误登录时限、关闭设备未使用接口、统一NTP服务指向、防止非授权的访问。每条命令都是一座安全堡垒，第一时间控制入网风险。

（三）网管监控全覆盖，重点弱点无死角

采用总行统一部署的Netcool网管系统对全行网络设备和通信线路进行实时监测，发生设备和线路状态、性能异常，或产生异常log时通过短信及时告警。同时通过总行监控一体化项目开发的可视化网络性能监控模块，实时掌握全网关键网络设备的CPU、MEM性能状态，实时更新核心交换机端口的流量分布情况，实时提供防火墙连接条目数，以上都为故障定位和问题跟踪定位提供了支撑。

（四）网络接入设门槛，准入条件立标准

通过IMC网络安全准入系统，对于具备Windows系统的入网设备，使用域用户进行身份认证，通过身份认证后还需检查防病毒软件和补丁，对于不符合策略的设备进行网络隔离。基于此，所有准入类交换机的端口开启dot1X认证功能，有效设立入网门槛；对于不具备Windows系统的哑终端、网络打印机类设备和柜面PC以及自助设

备，通过交换机端口开启MAC地址绑定的方式入网。

生产WIFI网络除802.1x协议和portal方式进行身份认证外，还遵循WPA2标准部署了更强的数据加密方式；4G无线网络在行内部署身份认证系统并绑定接入用户的IMSI、用户名、密码、IP地址等信息，采用IPsec VPN实现数据加密，部署专用防火墙实现接入设备的访问控制。

（五）网络区域功能划分，不同流量各行其道

随着全行业务种类的不断增多，相应网络区域的划分已成必然。基于此，中信银行天津分行作为总行监控网独立组网项目的试点行，于2020年4月率先完成了全辖网点监控网独立组网工程，有效保证了分、支行办公网带宽使用需求。

八、渤海证券

——通过数据仓库项目，科学利用大数据

为了有效地提高数据资源的利用率，解决数据孤岛等问题，渤海证券自2017年开始进行数据仓库的建设工作，以分布式数据库等技术为基础，对集中交易等16个业务系统的数据进行了采集、清洗和存储。目前，共采集1 442张源数据表，参考监管及行业经验，建立了企业级的数据模型，划分了10个主题域，输出了领导管理驾驶舱图表138个，业务统计报表和监管报表194张，数据接口127个。

数据仓库项目将分散的数据进行了整合，解决了公司信息系统的"孤岛"问题，使数据真正变成可利用的资产；实现了多业务条线的管理驾驶舱，为公司经营管理提供了决策支持；根据各个业务条线的需求，开发了经纪、信用、自营、风控、监管等多种报表，大幅提高了员工的工作效率，降低了劳动强度，满足公司报表电子化的要求；为下游系统提供数据推送服务，为智能化应用提供底层

数据支撑。

——结合私有云、公有云、行业云，合理布局云计算

为解决传统IT架构成本高、服务器管理效率低下、不能满足业务快速发展需求等问题，渤海证券自2016年开始逐步进行云平台的建设，通过打造与私有云、公有云、行业云相结合的云计算平台，提高系统整体资源利用率，提升弹性扩展能力和运维管理水平，通过统一的管理平台实现可视化集中运维管理，形成简捷、随需应变、平滑演进的IT新架构。

私有云方面，使用VMware虚拟化、数据库一体机等技术，将计算、存储、网络进行了深度融合，将业务需求硬件资源的准备周期从3个月降低到1周，目前已运行在公司私有云上的系统，包括开发测试环境，结算、风控、合规、财务、人力、投研等业务条线的信息系统。

公有云方面，通过云行情主站的建设，取代原有自建机房的模式，主要解决了以下问题：一是对行情揭示需求规模的变化缺乏快速有效的应对手段，IT交付的周期较长、效率较低；二是部分IDC机房管理不善，缺乏服务保障，不能提供持续、稳定的系统运行环境；三是自建行情主站整体费用相对较高。公有云行情主站上线后运行稳定，行情揭示速度与自建主站无差异，利用公有云弹性伸缩等特性，有效降低了运营成本。

行业云方面，渤海证券在深证通、上证通均有行情主站的应用，满足不同地域的客户对高速行情的需求。

九、民生银行天津分行

民生银行天津分行在金融信息保护方面，建立了金融信息安全风险防控长效机制，定期组织对易发生金融信息泄露的环节进行排

查,保障身份、财产、账户、信用、交易等数据资产安全。

一是结合总分行信息安全管理要求,制定《中国民生银行天津分行数据信息安全管理实施细则(2018年修订)》(民银津发〔2018〕95号),对数据信息分级、数据需求审批流程、信息系统管理权限、数据信息安全的制度条款进行修订,以适合分行实施落地,在实际工作中也得到有效执行。

二是在数据使用中按照需求服务申请流程进行申请并审批,数据需求人员严格按照数据需求申请内容进行数据处理,并上传与数据需求相符的数据文件,确保数据需求与数据结果完全符合。

三是对涉及涉密数据信息的岗位人员的计算机每年进行两次检查,通过终端计算机桌面小助手对计算机涉密客户信息进行定期监控扫描,切实保障身份、财产、账户、信用、交易等数据资产信息不泄露。

十、天津武清村镇银行

天津武清村镇银行中心机房于2013年建设并投入使用,总占地面积20平方米,位于营业室内部,目前机房运行相对平稳,尚未发生重大运营事故。

天津武清村镇银行针对以下六个方面的内容,规划科技发展。

(一)基础设施方面

天津武清村镇银行尽快推动新总行大楼机房筹建工作,从机房强弱电布线、空调配备、UPS、发电机及双路市电、动环监控、基础设备、物理分区等方面建设新机房,建设规格和标准须以总行机房建设要求为准。具体情况如下:

1. 机房接入双市电为UPS电源供电,同时配备发电机。
2. 物理层次根据功能分区:核心业务区、办公业务区、网络设备区、安全业务区、UBS区、运营商设备区、测试区、运维监控区、维修区、设备存放区、日常办公区、日常测试区。

3. 每个分区机柜接入双UPS电源。

4. 机房最少配备两台企业级空调，可只能控制温湿度。

5. 机房配备动环监控。

6. 机房设备、办公设备统一品牌。

7. 机房设置电子门禁。

8. 机房配备非腐蚀气体灭火系统，同时设置两种火灾探测器，且火灾报警系统与灭火系统联动。

9. 强电、弱电、电磁防护、电磁干扰、防雷、通风设备、防尘、防水等按照IDC机房标准建设。

（二）网络方面

1. 双运营商专线接入，规划梳理业务专线带宽、用途，做到专线专用，可应急复用，但是不宜长期复用。

2. 网络逻辑分区：

（1）网络层分区：网络出口区、安全处理区、核心区、汇聚区、接入区。

（2）业务层分区：核心业务区、办公业务区、测试区、安全监控运维区、办公区（各部门分区）。

（3）骨干网络系统从设备双击部署，链路层双链路部署。

（4）核心设备提升至万兆网卡，汇聚和接入提升至千兆网卡。

（5）网络出口区配置入侵检测设备、入侵防御设备、防火墙、上网行为管理等；安全区配置防毒墙、堡垒机、态势感知平台、准入系统；接入区配置WEB防火墙。

（三）业务连续性方面

1. 采用华为、联想等超融合产品，既节省机房使用空间，又能提高运维系统设备冗余度，避免单点故障，提高系统业务连续性。

超融合产品提供的硬件资源可以实现共享，降低硬件资源闲置率，实现资源统一管理。

2. 多余的超融合硬件资源可以根据情况搭建开发测试环境，满足开发测试的同时又能实现对业务系统备份数据的可用性验证。

3. 通过超融合技术替换下的硬件设备，根据设备健康情况转入开发测试使用，充分利用旧设备。

4. 业务系统实现双机热备。

（四）信息安全方面

1. 完善现有的科技制度，形成独立的信息化安全制度。

2. 定期对系统开展信息安全系统等级保护测评。定期对系统进行渗透、漏扫、安全评测等。

3. 按照等保三级要求，增加必要安全设备，提升整体网络安全防御能力。

4. 根据所有设备实际使用情况计划更换或增强设备的性能。

（五）数据保护方面

1. 建立健全数据备份管理机制，并完成落地实施。

2. 增加存储或备份一体机，实现业务数据的备份及异地保存。

3. 业务系统实现双机热备、互备。

4. 部署超融合平台，适时验证业务备份数据可用性。

5. 建立容灾机房，实现两地三中心建设。

（六）人员队伍建设

1. 系统管理员：负责日常业务系统运行维护及服务器等方面工作。

2. 网络管理员：负责网络设备、安全设备，网络策略等方面工作。

3. 数据库管理员：负责业务数据库运行维护、所有数据的备份等工作。

十一、渤海财产保险股份有限公司

——强化组织引领，完善制度体系

渤海财产保险股份有限公司（以下简称渤海产险）设立信息化委员会负责信息化建设管理，涵盖新技术应用的选型、评估和决策等各个方面。在实践过程中，公司从制度建设、优化机制、培养队伍三个角度推进相关工作。

近年来，渤海产险制定发布了《渤海财产保险股份有限公司信息安全管理规定》《渤海财产保险股份有限公司信息化工作管理办法》《渤海财产保险股份有限公司需求管理办法》《渤海财产保险股份有限公司数据管理办法》等制度文件，形成了从立项到数据治理较为立体的制度管理体系。

从整体效果上看，渤海产险信息化建设工作较好地支撑了业务发展，在开发保险产品、优化业务流程、完善内控管理、提升服务品质等方面均能够有效发挥作用。

——活用云计算资源增加系统效能

近年来，渤海产险在超融合计算、存储架构技术、云计算技术、容器技术等金融科技领域展开研究，选取适合公司发展阶段的部分产品分阶段落地，先后在公司数据分析平台、财金数据库升级改造、测试中心扩容、微服务等项目上得到了良好的落地效果。

（一）分布式计算

渤海产险尝试将传统单体应用进行拆分，通过"容器化"改造，使其满足分布式计算的架构要求。渤海产险容器平台项目体现出了其标准一致、便捷、高效、稳定、易扩展、易回收、资源利用率高等特点。截至2020年4月，已上线17个系统，涉及权限管理、短信发送、电子保单生成和管理等应用场景。分布式计算在业务领域的尝试取得了积极的成效，其生产级组件的一些特性，能够满足现有硬件资源下的"活用"，实现了应用系统负载能力的提升。

（二）分布式存储

将集中式架构转换为软件定义分布式架构，既有利于资源利用，又有利于系统维护。成本方面，将高运行成本的小型机+集中式存储架构化整为零，使用低成本的X86架构设备替代。将分散的业务数据库合并为高性能的分布式存储数据库，数据库响应速度成倍提升。财务月度结算的运行效率提升10倍以上，报表分析系统运行速度提升5倍以上，有效提升了运行稳定性及系统效率。

——RPA应用和OCR识别

渤海产险通过引入人工智能提升流程效率。人工智能是近年来金融科技重点发展的领域，在智能客服、智能风控、质检等方面都有一定的效果。经过调研，渤海产险选取较为适合公司应用场景的RPA流程自动化机器人和OCR智能文本识别两个领域进行落地。通过实践，两个落地项目都起到了一定的作用，有助于进一步提升重复性工作的效率。

（一）RPA应用

2019年，RPA在全流程批处理方面开始发挥作用，主要体现在主流程自动化测试和辅助出单两个方面。

主流程测试作为测试工作的一个重要组成部分，能够较好地反映出版本调整后的系统稳定性，但是非常消耗人工，需要做大量重复操作。通过引入RPA工具，推进自动化测试功能的使用，在没有增加人力投入的情况下，提高了测试的覆盖率。

承保业务方面，对于录单信息明确的同质化业务，RPA自动化批量出单能够有效节约出单人力。

（二）OCR识别

OCR识别主要应用在两个方面，一是标的特征识别，如车辆厂牌、车牌号等信息；二是制式证件识别，如身份证、驾驶证和行驶证等证件的识别。将OCR识别技术嵌入承保、理赔业务流程之中，可有效提升业务流程运转效率，提升数据采集的准确性和及时性。

从实际应用效果来看，OCR识别主要在以下两个场景发挥作用。一是承保信息录入场景，在线上展业场景OCR的识别效率优势非常明显，平均每单录入时间节约超过50%，客户体验友好度大幅提升；二是理赔质检管理，主要体现在车险事故查勘照片的信息采集方面，通过校验工作人员录入的信息与OCR采集的信息，及时提醒未采集的数据和错误数据，从源头上提升数据质量。

——推动中台技术促进架构升级

从行业的发展趋势来看，"中台化"应用越发普遍，应用场景逐步拓宽，其优势在于各类功能的实现和组合。渤海产险在微服务架构方面的研究成果，有利于公司信息化建设向着"中台化"方向推进，在业务支持方面提供更大的灵活性。

（一）中台模式

从经营角度来看，系统建设的最根本目的是减少消耗、加快效率、精准操作、目标可控。想要达到快速响应、灵活变化的前台业务的目的，需要利用信息技术为业务创新提供稳定可靠的服务能力支撑，以实现前台与后台的弹性适配、基础资源承载能力适合。此外，还需要功能池提供标准化功能模块、数据串联管理功能，共同支撑业务按需而变。

结合业务情况，渤海产险将中台分为三层模式：业务中台、数据中台和技术中台。业务中台的作用是灵活适配。由标准化功能组件支撑起业务中台，适应内部管理变化、外部监管变化和客户需求变化。数据中台的作用是承上启下，不但要支撑业务管理和决策，更要引领系统开发和建设、指导技术选型和应用。技术中台的作用是迅捷高效地提供高度模块化零件，大幅缩短业务中台建设时间，提高业务中台稳定性。目前，渤海产险已经完成了业务中台的一期建设，在小额高频度互联网业务、第三方渠道对接、跨险类组合产品及产寿交叉互动等业务领域展现出一定成效。

（二）产品引擎

产品引擎主要是实现快速的配置产品和设计投保方案，减少烦琐的产品上架流程。目前，渤海产险的产品引擎建设支持定额产品的配置和发布、多金额套餐的配置，以及核心系统条款库险种的同步，实现产品的灵活化。

产品引擎作为一款工具应用，提供页面嵌入及接口交互两种对接方式，便于与其他业务应用进行数据交互。目前，渤海产险核心业务系统、微营销系统、反洗钱系统、支付平台、电子单证系统和卡管理系统已经实现对接。

近年来，金融科技新技术推陈出新，更新换代速度加快。例如，人工智能技术在客户服务、风险防控、非结构化数据转化等方面应用场景越来越丰富，其替代传统、低效的手工流程的效益逐步凸显；区块链、IOT、5G等金融科技新技术在行业的应用尝试也在不断扩展。

十二、光大永明人寿

——混合云计算平台创新探索

随着金融行业互联网化的不断深入发展及公有云、各类行业云的快速推进和私有云的逐步成熟，为满足公司快速变化的业务需求，光大永明人寿将混合云作为未来IT规划建设的重要战略之一。为满足业务连续性、平台高性能、高可用、一体化交付、快速部署、资源弹性变化等需求，逐步实现公司基础架构向混合云计算平台演进，光大永明人寿逐步引入了各类公有云和私有云技术（超融合、容器云及虚拟化技术），有效整合了数据中心各类资源，实现了硬件成本的大幅降低，提高了智能化管理水平，确保了基础架构能够满足业务数字化需求。

在公有云计算平台建设中，光大永明人寿选择头部公有云厂商作为合作伙伴。从2017年底合作以来，在公有云平台上陆续部署了针对互联网用户使用的多套生产系统，并通过公有云厂商的解决方案，短时间内以较小的成本满足了在2019年底光大永明人寿官网实现IPv6访问的要求。近两年对公有云的使用，证明公有云服务能够很好地支持公司业务系统安全、稳定、弹性、敏捷的使用需求。

在私有云计算平台建设中，光大永明人寿以超融合及容器云技术为重点进行攻关，并于2018年引入超融合技术，使费用支出降低15%，机房空间占用降低60%，电力节约50%。同年，光大永明人寿引入了容器云技术，并成功部署了多套关键业务系统生产环境。两种技术的引入进一步提高了资源利用率，减少了基础架构投入成本，提高了生产系统灵活性、稳定性。两种技术全面支持云系统，是光大永明人寿建设私有云的重要组成部分，为公司基础架构向混合云转型提供强大的技术支撑。

——分布式数据库平台和分布式内容管理平台

随着保险业的快速发展和保险信息化建设的不断深入，大数据、人工智能、区块链等新一代技术得到广泛的应用。长期以来，保险行业已经积累了大量的高价值数据，这些数据是保险行业的天然优势，全体保险科技人员致力于将数据与先进科技充分结合，提升保险价值，促进业务发展，改善服务体验。

为支持渠道的快速接入和业务量的快速增长，助力互联网保险时代场景化销售，进一步提升系统对业务支撑力。光大永明人寿积极推进分布式数据平台和分布式内容管理平台建设，积极探索应用前沿技术，提高系统间整体处理效率，提升用户体验，在同业竞争中抢占先机。

分布式数据平台运用了Hadoop大数据生态圈等先进的科技手段与全开源、非商用、低成本的硬件相结合的创新模式，突破了海量金融保险数据明细查询的时间限制，为渠道业绩追踪、续期催缴和代理人管理等提供快速、准确、高并发的数据支撑，获得总、分公司的一致好评。该平台的上线将查询整体数据量提升8~10倍，打破查询海量数据时间宽度的限制，查询速度较传统数据架构提升500%以上，平均每秒可以处理千兆数据。此外，平台采用了行业通用的数据同步技术，可以做到毫秒级捕获上游数据，对公司准实时数据的展现提供了坚实的技术支持。在用户交互方面，该平台引入可视化报表定制工具，用户可根据需要进行报表复制及快速创建个性化报表。该平台的上线也标志着公司数据管理水平的又一次提升。

分布式内容管理平台采取企业级分布式SDS存储解决方案，具有跨平台、EB级海量存储的基础，不仅可支持上百PB级以上容量的存储资源，也可实现低成本、小规模的存储，可支撑各种应用对接。该平台作为企业级存储共享平台，不仅存储影像资料，还存储录音、视频等多种非结构化数据，覆盖业务及办公领域，全方位适应高并发高效率的内容查询。

大数据时代的来临为保险行业的发展提供了新的理念和技术支持，保险人需要积极利用大数据带来的快速、便捷和高效的手段推进各类数据级应用的探索落地，为保险行业获得全新的发展动能。

光大永明人寿会继续以科技为手段，以创新为方向，充分发挥信息技术优势，助力业务发展，提升服务质量，为我国金融科技的发展贡献一份力量。

——智能化、数字化保险创新服务

为贯彻关于"敏捷、科技、生态"的战略目标，光大永明人寿保险紧跟科技创新的脚步，成为业内首家以短链接技术为基础，打造让客户体验无处不在、无所不及的智能化、数字化、无纸化云端保单服务系统，逐步实现了对传统服务模式的颠覆，大幅提升了客户服务体验，深得客户好评。

数字化服务呈现在前端销售平台，主要集中在在售保单产品介绍及回执签收界面，通过将短链接内嵌在承保短信中的形式，发送至客户手机，实现空中客服。

客户通过点击短链接阅读产品介绍、回执页等信息，并完成在线人脸识别与电子签名，上传身份证证件。客户操作完毕后生成电子单证及回执信息，同时客户可通过短链接下载保单电子合同。此功能大幅提高了签单时效，提升了业务品质。

保单承保后，回访问卷随即通过短链接内嵌在短信中发送至客户手机，用户点击后在线进行新契约电子回访，实现了从客户接听电话接受回访到主动通过手机进行线上回访的模式创新。完成回访后，生成问卷答案图片，人脸识别结果保存在公司系统中备查，保证客户服务数据完整。

在保单服务环节，也通过短链接内嵌在短信中的形式，发送至客户手机，供用户点击后，在线进行保全操作，实现了从客户柜面办理保全业务到在家线上办理业务的模式创新。该服务涵盖客户联系方式变更、复效、退保、保单补发、保险金领取、受益人变更、交纳续期保险费等20多项保全功能，同时配合证件资料上传、OCR图形识别、人脸识别等身份核实功能，确保既便利又安全。

　　智能核保是改善客户体验的智能化服务的重要一环，通过人机交互的方式与客户在线交流，了解客户健康信息、即时评估客户健康风险，并自动出具不同条件的核保决定。目前，核保智能评估已涵盖数百种疾病及相关核保结论，根据客户投保告知的具体健康信息进行核保评估后，自动生成承保条件，通过与核心系统的对接，将标准体、加费或特约的结果实时显示给客户。同时它拥有客户定制功能，即核保人员可根据保险公司的自身特点与核保标准，针对不同险种、不同疾病的承保条件进行特殊定制，满足差异化核保需求。另一方面，利用第三方平台的海量大数据（数据种类包括健康、财务、医疗、社交、既往投保等多维度），结合保险公司自身的投保理赔数据，训练出适用于保险公司自身特点的核保风控模型及风险规则，对于投保客户进行风险校验，预判客户风险等级，得出综合风险评分。风险高的客户可以采取措施进一步核查，风险低的客户可以适用更优的核保规则。从而精准地、差异化地控制核保风险，提高效率、降低成本、改善服务。

　　将智能化风控用于理赔领域，借助第三方服务商大数据实现与保险公司已有的风控规则、审核规则有效结合，建立全流程/半流程外包服务流程，通过医疗账单全明细录入，保单承保、保全、既往理赔、既往核保等信息的推送，提升公司风险防范能力，提高理赔效率，将理赔医疗信息录入标准化、理赔作业规范化。

十三、渤海人寿

——采用服务器混合云架构部署模式

　　渤海人寿在系统建设初期，采用实体机服务器的传统部署模式，随着互联网保险的快速发展，业务量激增，实体机扩展性差、集成复杂的劣势逐渐显露。综合考虑云计算的发展水平和数据安全性，渤海人寿采用了目前的服务器混合云架构部署模式，即通过阿里金融云平台（公有云）与渤海人寿的虚拟化平台（私有云）形成云上云下的混合云架构。将扩展性、并发性要求高的互联网类中台应用系统迁移至阿里金融云，提高了系统的可扩展性和健壮性，缩短了部署时间，同时可根据业务量灵活升降配置，有效控制了硬件投入成本。集中将保险核心数据的财务、资金等系统部署在公司私有云中，有效保证了核心数据的安全。公有云和私有云之间通过运营商专线进行互联互通，数据交互过程采用加密传输方式，确保传输安全。该模式还通过阿里云DTS服务进行云上数据的定期备份，提升系统的容灾恢复能力。目前，此架构已成为渤海人寿重要的底层技术支撑，未来将持续拓展云计算的应用场景，并尝试将分布式存储、大数据与云计算相结合，进一步提升计算和存储效率。

——人工智能应用于客户服务方面

渤海人寿应用ASR和TTS等技术，完成智慧客服体系建设，通过上线在线客服机器人，实现7×24小时的在线服务，提升客户体验；上线智能回访机器人，实现机器人电话外呼回访，缓解电话坐席人员工作压力；上线智能质检机器人，实现电话录音自动检测，及时发现问题并释放质检人力。同时完成在线保全、在线理赔等服务升级，实现官方微信和自营App平台双服务通道布局，应用人脸识别等技术，快速完成客户识别，简化服务流程，提高服务效率。通过客服相关项目落地，实现科技赋能，为客户提供更优质的服务。

——智能核保风控，提高风险管控

渤海人寿上线智能核保和智能风控，提高承保流程风险管控能力。核保环节运用智能核保数据模型，根据客户填写的健康问卷信息，测算客户健康指数，提升客户核保通过率。同时依托行业医疗数据，快速识别客户既往病史，提升风险控制，有效避免客户逆选择情况，降低公司经营风险。

——优化架构

随着业务发展，传统银保通系统无法满足系统快速迭代、高并发、大数据量的要求。渤海人寿借鉴互联网发展模式，开始构思一套"支持高并发""模块服务化""高度扩展"的系统。银保通子核心系统应运而生，实现独立出单、准实时异步导入、网点同步、单证同步等功能。系统建设过程中重点关注交易时效、运行稳定、并发支持、用户体验等方面，相较传统银保通系统，并发交易数提升3倍，平均交易时间缩短70%。同时可支持服务器弹性扩展，用于灵活应对业务变化，满足业务发展节奏。

十四、爱和谊日生同和财产保险

——加强金融网络安全风险管控

随着金融网络安全形势日趋复杂，对网络安全风险管理的要求不断提高，这对传统安全体系提出了挑战。为此，爱和谊日生同和财产保险不断完善网络安全和信息防护建设，并积极开展主动防御能力建设。

按照《金融科技（FinTech）发展规划（2019—2021年）》第十六条内容，严格落实《中华人民共和国网络安全法》等国家网络安全法律法规及相关制度标准，持续加大网络安全管理力度，健全全流程、全链条的网络安全技术防护体系。加强网络安全态势感知，动态监测分析网络流量和网络实体行为，绘制金融网络安全整体态势图，准确把握网络威胁的规律和趋势，实现风险全局感知和预判预警，提升重大网络威胁、重大灾害和突发事件的应对能力。

传统网络防御措施主要以依靠防火墙、上网行为管理和防病毒软件等设备为主，虽然起到了一定的防护作用，但还是面临着许多未知威胁的侵扰。针对这些问题，爱和谊日生同和财产保险通过全面部署赛门铁克态势感知防病毒终端软件，使病毒防护措施从基于已知病毒库的方式转变到具有对未知行为分析能力的防护。该软件具有先进机器学习能力，能够实现安全预防、威胁防御、终端检测和响应等技术，进一步强化和提升了安全防御功能。

——加强金融信息安全防护

按照《金融科技（FinTech）发展规划（2019—2021年）》第十七条内容：选择符合国家及金融行业标准的安全控件、终端设备、App等产品进行金融信息采集和处理，利用通道加密、双向认证等技术保障金融信息传输的安全性，运用加密存储、信息摘要等手段保证重要金融信息机密性与完整性，通过身份认证、日志完整性保护等措施确保金融信息使用过程有授权、有记录，防范金融信息集中泄露风险。

爱和谊日生同和财产保险在数据安全方面通过使用数据库加密功能，实现了对数据库中敏感数据的加密存储，防止数据被复制后发生信息泄露风险，显著提升了数据的安全性。同时，在防范金融信息集中泄露风险方面，完成了以下安全保护措施：一是在互联网信息传输中使用了SSL安全协议，进行加密；二是向中国银保信息技术有限公司传输保单登记数据信息时，采用中国金融认证中心（CFCA）数据签名服务器，对数据进行签名认证传输，确保信息传输安全；三是在内部通过建立日志收集平台，将散落的关键日志信息集中管理、存储与分析，确保日志的完整性与可追溯。

天津市互联网金融举报信息平台

一、平台简介

为配合支持互联网金融风险专项整治工作，维护金融消费者的合法权益，天津市互联网金融协会搭建了天津市互联网金融举报信息平台，面向社会公众接收关于天津市互联网金融从业机构违法违规行为的信息。该平台在及时掌握违法违规线索、促进社会监督、畅通金融消费者维权渠道方面发挥了积极作用。

二、平台业务流程

平台业务流程包括举报人举报、举报信息审核、举报信息受理与结果反馈。

（一）举报人举报

举报人通过协会官网的相关链接进入平台，填写《举报信息登记表》进行实名制举报。《举报信息登记表》收集的信息包括：

1. 举报人信息：包括举报人类型（单位或个人）、姓名、身份证件信息、电子邮箱、所在地区。

2. 被举报机构信息：包括被举报机构网络营销渠道网址及名称、注册机构名称、注册机构所在地。

3. 举报信息：包括举报业务类型、举报原因、事件发生时间、涉及金额、举报时间等。

（二）举报信息审核

由专人负责收集、审核举报人提交的信息，通过电话、电子邮件等渠道向举报人进一步了解情况,指导被举报机构补充相关证据,通过资料收集、向被举报机构沟通等方式对举报信息进行核实。

(三)举报信息受理与结果反馈

举报信息受理包括两种渠道:

1. 转发受理。协会将审核后的举报信息及相关证据转发给相关金融管理部门、公安部门,由金融管理部门、公安部门按照其原有规定或专项整治要求受理举报信息,并向举报人反馈处理结果。

2. 自行受理。协会将根据自律管理要求,对存在违法违规行为的会员机构进行自律惩戒。

三、平台数据分析

2019年,平台接收的有效举报信息[①]主要呈现以下特征。

(一)举报人所在地区以浙江、天津居多

举报人所在地区覆盖全国19个省(自治区、直辖市)。其中,以浙江和天津居多,分别占举报总量的23.0%和18.0%(见图1)。

---

① 有效举报信息需满足条件:被举报机构在天津注册实体机构、举报信息情况属实、举报证据翔实。

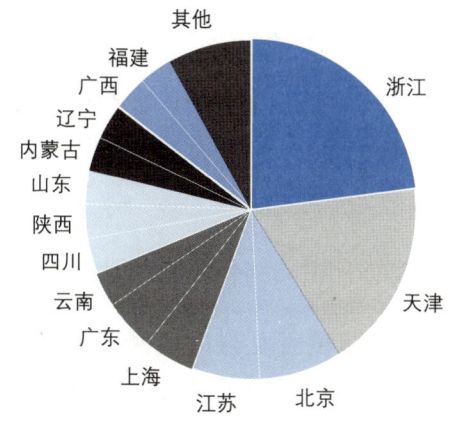

图1 平台举报人所在地区

(资料来源:《天津市互联网金融发展报告》编委会整理)

(二)举报人年龄以20~40岁为主

举报人群包括各年龄段成年消费者,以20(含)~40岁为主。其中,20(含)~30岁和30(含)~40岁的举报人分别占举报人总数的41.0%和39.3%(见图2)。

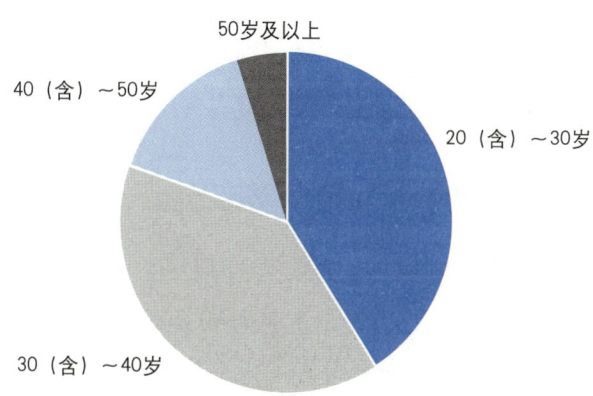

图2 平台举报人年龄分布

(资料来源:《天津市互联网金融发展报告》编委会整理)

(三)被举报机构集中度较高

被举报机构共23家。其中,被举报最多的4家机构,其被举报量占比分别为19.7%、18.0%、8.2%和8.2%;其余19家机构被举报量占比之和为45.9%。

(四)被举报机构以P2P网络借贷机构为主

被举报机构业务类型覆盖互联网金融各业态,主要集中在网络小额贷款、P2P网络借贷和互联网消费金融三类业务,其占被举报机构总数的比重分别为45.9%、27.9%和23.0%(见图3)。

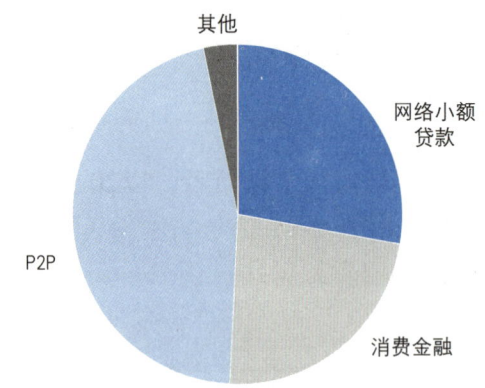

图3 被举报机构业务类型

(资料来源:《天津市互联网金融发展报告》编委会整理)

(五)被举报机构所在地以滨海新区为主

被举报机构注册地主要集中在滨海新区、和平区、武清区和河西区,占被举报机构总数的比重分别为59.0%、13.1%、8.2%和6.6%(见图4)。

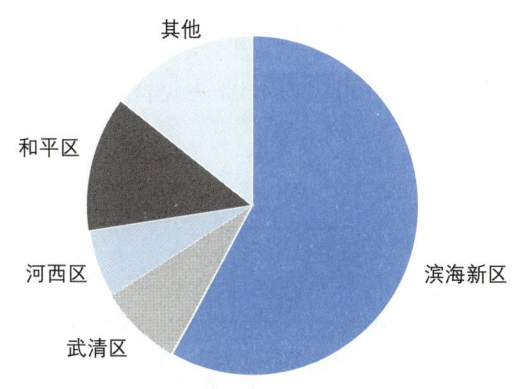

图4 被举报机构注册地

(资料来源:《天津市互联网金融发展报告》编委会整理)

(六)11月的月度举报量最高

11月举报量最高,占全年举报总量的18.0%;1月举报量占全年举报总量的13.1%,是上半年举报量最高的月份(见图5)。

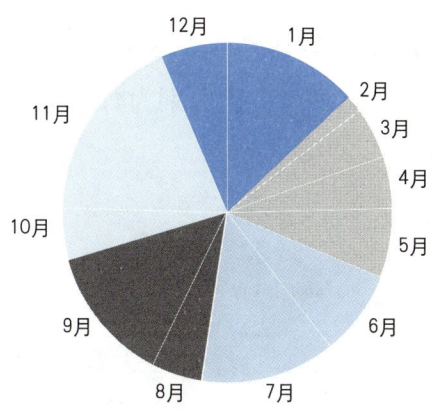

图5 平台月度举报情况

(资料来源:《天津市互联网金融发展报告》编委会整理)

(七)举报问题较为集中

举报信息所反映的问题相对集中:虚构借款人及标的、自身或关联方融资等P2P网络借贷平台相关问题合计占40.9%;畸高息费、不当催收、侵犯个人隐私问题合计占32.8%；误导性宣传问题和篡改合同问题均占11.5%；其他问题占3.3%（见图6）。

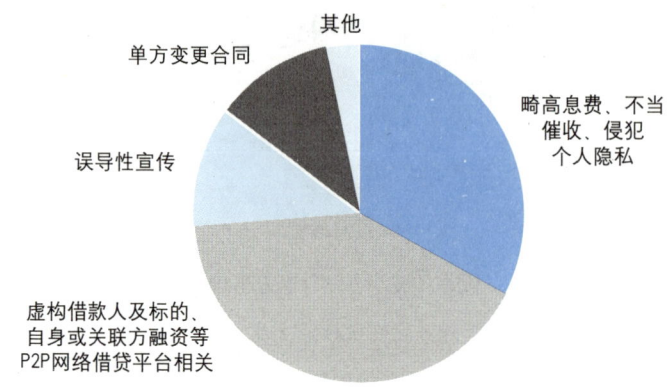

图6　举报问题类别

（资料来源：《天津市互联网金融发展报告》编委会整理）

（八）举报问题解决途径以经侦立案侦查为主

举报问题的解决主要包括经侦立案侦查、金融管理部门行政调查、协会自律管理三个途径，占比分别为47.5%、26.2%、13.1%（见图7）。

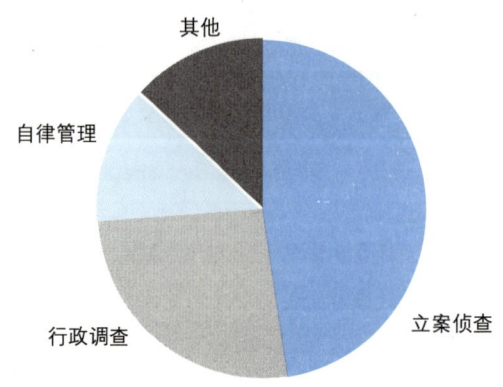

图7　举报问题解决途径

（资料来源：《天津市互联网金融发展报告》编委会整理）

TIANJIN
INTERNET FINANCE INDUSTY REPORT 2020

附 件

附件1

天津市金融运行报告（2020年）

中国人民银行天津分行货币政策分析小组

[内容摘要]

2019年，天津市扎实推进"五位一体"总体布局、"四个全面"战略布局的实施，坚持稳中求进工作总基调，深化供给侧结构性改革，着力做好"六稳"工作，采取一系列打基础、利长远、理旧账、补短板、防风险、守底线的重大举措，全市经济稳步回升，逐季向好，全年实现生产总值14 104.3亿元，同比增长4.8%，增速较上年加快1.2个百分点，产业结构继续优化，动能转换步伐加快，市场活力不断释放，社会保持和谐稳定，"五个现代化天津"（创新发展、开放包容、生态宜居、民主法治、文明幸福的现代化天津）建设取得新进展。全市金融业认真贯彻落实稳健的货币政策，金融业总体运行平稳，总量保持合理增长，结构持续优化，融资成本回落，融资效率进一步提升，金融风险得到有效管控，金融生态持续优化，为天津经济社会持续健康高质量发展营造了适宜的货币金融环境。

经济运行主要呈现以下特点：一是经济增长稳步回升。全年实现生产总值同比增速分别比第一季度、上半年和前三个季度加快0.3个、0.2个和0.2个百分点。固定资产投资（不含农户）同比增长13.9%，第二产业投资增速快于全部投资增速3.5个百分点。消费市场增长放缓，社会消费品零售总额同比下降0.3%，汽车和石油及制品是下拉消费增长的主因，服务性消费较快增长。外贸进出口下降，全年实现外贸进出口7 346.0亿元，同比下降9.1%。二是服务业地位进一步巩固。第三产业的比重较上年提高1.0个百分点,贡献率超75%。现代都市型农业加快发展,培育国家级龙头企业17家,农产品监测总体合格率达99.8%。工业生产稳中向好,装备制造业带动作用增强,占规模以上工业的比重为33.5%,比上年提高0.7个百分点。三是改革深入推进。市属国企混合所有制改革共吸引社会资本315.9亿元,新天钢集团产值增加72.7%。海河产业基金协议认缴规模达1 150亿元,自贸试验区"深改方案"27项创新成果在全国复制推广,自贸试验区新登记市场主体累计超过6.4万户、注册资本超过2.2万亿元。四是增长动能不断积聚。新一代超级计算机、国家合成生物技术创新中心等国家级创新平台落户。推出全球首款脑机接口专用芯片、光伏用12英寸单晶硅片。国家新一代人工智能创新发展试验区获批建设,360上市公司、紫光云总部、TCL北方总部、国美智能等落户,人工智能"七链"(自主可控信息系统、智能安防、大数据、先进通信、智能网联车、工业机器人和智能终端七条人工智能产业链)高新技术企业倍增。空客A350完成和交付中心项目落户。五是居民消费价格和工业生产者价格一升一降。天津市居民消费价格指数同比增长2.7%,较上年上涨0.7个百分点,八大类商品价格"七涨一降"。天津市工业生产者购进价格和出厂价格同比分别下降1.2%和0.7%。六是财政收支增长由负转正。一般公共预算收入增长14.4%,较上年提高23.2个百分点,其中非税收入增长61.2%。一般公共预算支出增长13.0%,节能环保和城乡社区支出分别增长264.5%和34.0%。

金融运行主要呈现以下特点:一是银行业稳健运行,服务实体经济实效性增进。2019年,银行业金融机构资产负债增速回升,年末增速分别较上年同期提高1.8个和1.7个百分点。本外币各项存款余额同比增速较上年提高2.5个百分点,住户存款增速快于各项存款14.7个百分点。信贷运行总体平稳。普惠小微贷款、私人控股企业贷款、保障性住房开发贷款同比分别增长48.1%、

13.9%和18.4%，均明显高于各项贷款增速。人民币企业一般贷款加权平均利率为5.13%，比上年下降0.10个百分点，贷款市场报价利率（LPR）形成机制完善后利率较前期下降0.15个百分点。积极推进不良贷款处置，不良贷款实现"双降"。二是证券业资产规模稳步扩大，各类市场保持平稳。法人证券公司资产总额为513.4亿元，同比增长6.5%，实现净利润较上年增加4.1亿元。法人基金公司资产总额增加22.1亿元，管理基金个数增加17只，管理基金净值同比减少594.2亿元。法人期货公司资产同比增长46.0%，代理交易额同比增长66.7%。三是保险业发展更趋多元，人身险保持较快发展。2019年底，天津市保险机构资产总额为1 548.6亿元，同比增长10.4%。人身险公司资产总额为1 417.4亿元，同比增长10.9%。共实现保费收入617.9亿元，同比增长10.3%。其中，人身险保费收入465.7亿元，同比增长12.1%。四是金融市场交易活跃，融资效率进一步提升。天津市社会融资规模为2 866.4亿元，较上年少426.6亿元，表外融资减少1 754.2亿元，直接融资占社会融资规模的34.3%，同比上升10.7个百分点。货币市场交易活跃，信用拆借和现券买卖业务量分别增长15.7%和104倍，非金融企业在银行间市场发行债务融资工具1 747.7亿元，同比增长12.9%。五是金融改革创新有序推进，金融活力增强。天津金融创新运营示范区启动天津滨海柜台交易市场（OTC）科创专板，推出全国首单知识产权证券化产品和北方地区首单保障房资产支持专项计划。国家租赁创新示范区在全国率先开展飞机保税退租再租赁交易、飞机租赁资产证券化及无形资产租赁。自贸试验区金融改革有11项措施在全国复制推广，复制上海自贸区自由贸易账户（FT账户）取得实质进展。银行间市场创新产品不断涌现，成功发行全国首单非上市商业银行永续债券、华北地区首单信用风险缓释凭证支持的短期债券和天津市首单绿色定向债务融资工具。

当前，天津市经济金融运行仍然存在市场主体偏少、推进新旧动能转换力度不够、新动能支撑作用不强、创新驱动发展制度供给不足、经济稳增长压力等问题。2020年，天津市将以习近平新时代中国特色社会主义思想为指导，深入贯彻落实习近平总书记对天津工作"三个着力"（着力提高发展质量和效益、着力保障和改善民生、着力加强和完善党的领导）重要要求和一系列重要指示批示精神，紧扣高质量发展要求，依托天津区位优势和天津港战略地位，持续优化营商环境，加快各类要素聚集，进一步释放市场活力，巩固高质量发展态势，推动经济社会健康稳定发展。金融业将认真贯彻稳健的货币政策要更加灵活适度的要求，积极支持经济转型升级和结构调整，完善贷款市场报价利率传导机制，促进降低实体经济融资成本。继续打好防范化解重大风险攻坚战，增强金融业抵御风险能力。稳步推进金融改革与创新，继续落实金融支持自贸试验区建设政策，加快建设金融创新运营示范区，大力发展科技金融、物流金融、租赁金融和绿色金融，促进各类市场稳定发展，不断提升金融服务实体经济效力。

一、金融运行情况

2019年，天津市认真贯彻落实稳健的货币政策，金融业总体运行平稳，总量保持合理增长，结构持续优化，融资成本和资金价格回落，金融市场交易活跃，融资效率进一步提升，民营和小微企业融资可得性增强，金融风险得到有效管控，不良贷款"双降"，金融生态持续优化，金融改革创新不断深化，为实现"六稳"和天津经济社会持续健康高质量发展营造了适宜的货币金融环境。

（一）银行业稳健运行，服务实体经济实效性增进

1. 资产规模继续增长，盈利能力下降。2019年底，天津市银行业金融机构资产总额为5.1万亿元，同比增长3.1%，增速较上年提高1.8个百分点；负债总额为4.9万亿元，同比增长3.2%，增速较上年提高1.7个百分点。2019年，天津市银行业金融机构累计实现营业收入1 173.2亿元，同比增长5.4%，升幅较上年扩大4.2个百分点；累计实现净利润-32.3亿元，同比下降116.9%，降幅较上年扩大67.2个百分点。2019年新增1家银行业法人金融机构，为中车金融租赁股份有限公司。

表1　　2019年天津市银行业金融机构情况

机构类别	营业网点			法人机构/个
	机构个数/个	从业人数/人	资产总额/亿元	
一、大型商业银行	1 247	28 529	13 855	0
二、国家开发银行和政策性银行	8	597	3 220	0
三、股份制商业银行	407	10 178	8 617	0
四、城市商业银行	301	7 622	9 074	2
五、城市信用社	—			
六、小型农村金融机构	618	9 730	5 031	20

续表

机构类别	营业网点			法人机构/个
	机构个数/个	从业人数/人	资产总额/亿元	
七、财务公司	0	229	583	7
八、信托公司	0	436	135	2
九、邮政储蓄	389	2 513	1 034	0
十、外资银行	21	1 451	785	1
十一、新型农村金融机构	—	—	—	—
十二、其他	0	39 350	8 639	17
合计	2 991	100 635	50 973	49

资料来源：天津银保监局。

注：营业网点不包括国家开发银行和政策性银行、大型商业银行、股份制银行等金融机构总部数据；大型商业银行包括中国工商银行、中国农业银行、中国银行、中国建设银行和交通银行；城市商业银行包括金城银行；小型农村金融机构包括农村商业银行、村镇银行、贷款公司和农村资金互助社；其他包含金融租赁公司、汽车金融公司、中德住房储蓄银行。

2. 存款稳步回升，住户存款快速增长。2019年底，天津市本外币各项存款余额为31 788.8亿元，同比增长2.6%，较上年提高2.5个百分点，较年初新增795.8亿元，同比多增753.5亿元。其中，住户存款余额同比增长17.3%，较上年提高5.0个百分点，较年初增加1 881.9亿元，同比多增693.3亿元；非金融企业存款较年初下降676.2亿元，同比多降159.3亿元；外币各项存款较年初减少0.2亿美元，同比少降26.3亿美元。全市金融机构主动运用多种负债产品，2019年底，全市住户和非金融企业结构性存款余额较年初增加135.2亿元，同比增长5.4%，大额存单较年初增加692.0亿元，同比多增268.7亿元，余额同比增长74.1%。

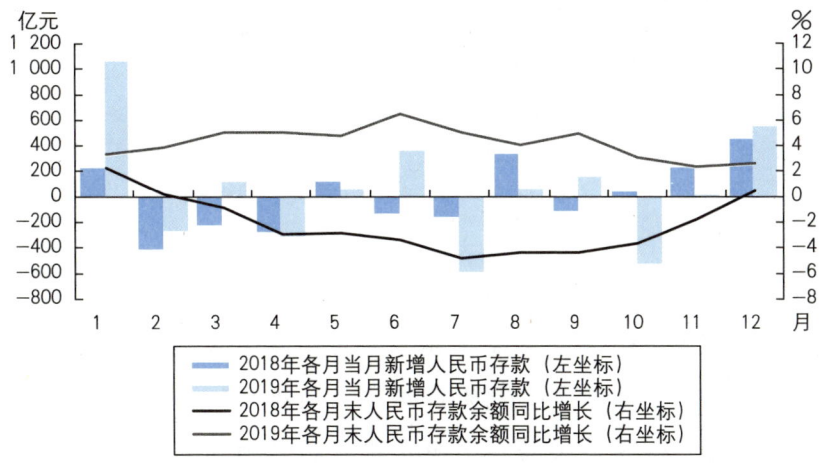

图1 2018—2019年天津市金融机构人民币存款增长变化情况

（资料来源：中国人民银行天津分行）

3. 贷款总体平稳，结构进一步优化。2019年，天津市银行业信贷运行总体平稳，本外币各项贷款余额为36 141.3亿元，同比增长6.0%，较上年同期回落1.8个百分点，较年初新增2 026.1亿元，同比少增413.0亿元。如还原渤钢系企业债务处置冲减贷款，全市各项贷款增速要快于上年。外币各项贷款余额同比回落19.3%，较年初下降43.6亿美元，同比多降34.1亿美元。

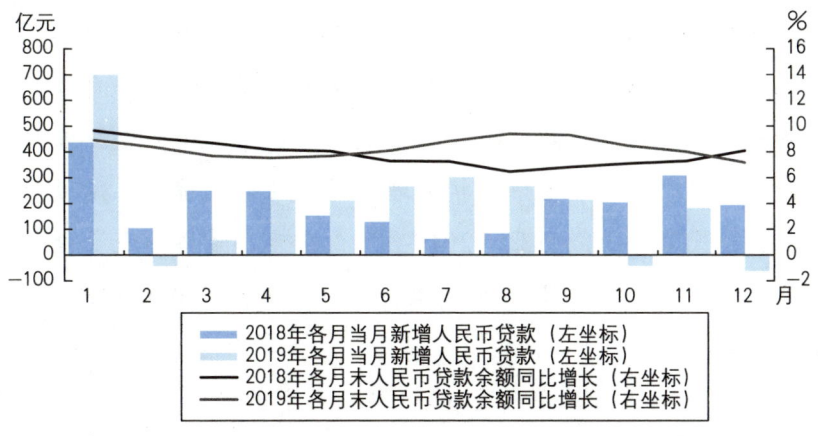

图2 2018—2019年天津市金融机构人民币贷款增长变化情况

（资料来源：中国人民银行天津分行）

专栏 1

天津市再贴现资金使用成效显著

近年来,天津市金融机构积极运用再贴现等中央银行资金,有效增加民营和小微企业资金供给,推动民营和小微企业综合融资成本下行,金融服务民营和小微企业的能力和水平显著提升。2019年,全市再贴现业务量再创历史新高,2019年底,天津市再贴现余额同比增长70.0%,较年初增加21.0亿元,2019年累计发放再贴现资金117.5亿元,同比多增64.3亿元。

一是再贴现业务办理更加便利高效。制定完善再贴现业务管理操作规程,在确保中央银行资金安全的基础上,最大限度简化再贴现业务办理程序;建立再贴现承兑行"白名单",参照"白名单"对金融机构持有的贴现票据承兑行进行审核,有效提高审核效率;开发上线天津市再贴现业务信息管理系统,进一步强化再贴现资金使用管理。再贴现管理服务的优化,有效提升了金融机构使用再贴现资金的主动性和积极性。2019年,天津市再贴现限额周转率为266.0%;2019年底,限额使用率为100%。

二是再贴现精准支持民营和小微企业。按月监测普惠口径小微贷款和民营企业贷款增长情况,优先为民营和小微企业贷款增长较好、占比较高的金融机构办理再贴现业务,确保再贴现资金精准支持民营和小微企业。2019年底,全市存量再贴现资金全部投放于小微企业,全年累计投放的再贴现资金中99.6%用于支持小微企业。

三是再贴现有效引导企业融资成本下降。强化票据利率监测,密切监测金融机构小微企业票据加权平均利率变化情况,确保办理再贴现的票据利率低于申请机构同期同档次加权平均利率，引导金融机构将再贴现资金优惠利率有效传导至企业，推动民营和小微企业综合融资成本下行。2019年，天津市再贴现小微企业票据加权平均利率为3.17%，同比下降1.17个百分点；民营企业票据加权平均利率为3.17%，同比下降1.20个百分点。

四是再贴现资金杠杆撬动作用显著。密切监测商业银行再贴现资金政策效果，积极推动交流再贴现典型案例和经验做法，引导金融机构用活、用足、用好再贴现工具，切实增加服务民营和小微企业的信贷投放。2019年底，全市符合再贴现投放的36家商业银行普惠口径小微企业贷款余额为946.8亿元，同比增长40.3%，较年初增加272.2亿元；民营企业贷款余额为2 521.0亿元，同比增长27.5%，较年初增加544.1亿元。

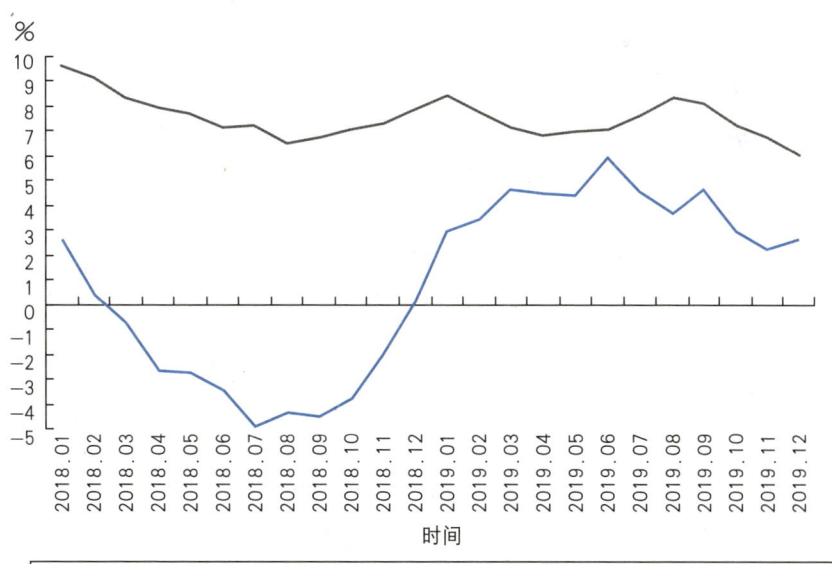

图3　2018—2019年天津市金融机构本外币存、贷款增速变化情况

（资料来源：中国人民银行天津分行）

结构性货币政策工具和信贷政策作用显著,信贷结构进一步优化。2019年底,全市可比口径普惠小微贷款①余额为1 210.1亿元,同比增长48.1%,较上年提高16.7个百分点。私人控股企业贷款余额为4 917.8亿元,同比增长13.9%,较上年提高5.3个百分点,余额占全部企业贷款的20.3%,较上年提高2.2个百分点。涉农贷款余额为1 945.2亿元,同比增长6.2%,结束连续三年负增长。保障性住房开发贷款余额为1 039.8亿元,同比增长18.4%,高于全部房地产开发贷款增速8.8个百分点。

4. 政策工具传导撬动作用提升,贷款利率下降。2019年,天津市金融机构人民币企业一般贷款加权平均利率为5.13%,比上年下降0.10个百分点。民间借贷、贴现、转贴现利率均下降,个人住房按揭贷款利率上升。受美联储降息等因素影响,外币存款利率有所下降。2019年8月完善贷款市场报价利率(LPR)形成机制以来,8~12月天津市企业一般贷款加权平均利率较前7个月下降0.15个百分点。2019年发放支小再贷款同比增长507.1%,引导相关企业贷款利率下降1.05个百分点;发放3笔支农再贷款,实现近两年"零"的突破,引导相关企业贷款利率下降0.85个百分点;发放再贴现同比增加120.9%,99.6%投放到小微企业,引导相关企业贴现利率下降1.17个百分点。天津市场利率定价自律机制平稳运行。

---

① 单户授信500万元以下的小微企业贷款、个体工商户和小微企业主经营性贷款。

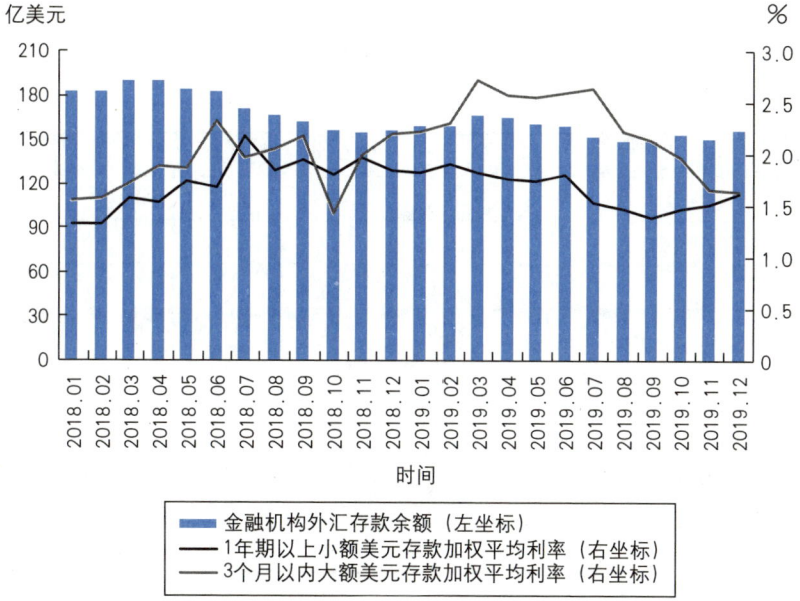

图4　2018—2019年天津市金融机构外币存款余额及外币存款利率

（资料来源：中国人民银行天津分行）

表2　2019年天津市金融机构人民币一般贷款各利率浮动区间占比情况（改革前）

单位：%

月份		1月	2月	3月	4月	5月	6月	7月
合计		100.0	100.0	100.0	100.0	100.0	100.0	100.0
下浮		14.1	15.1	23.0	20.1	24.2	18.1	23.0
基准		17.3	29.4	20.0	16.3	21.4	32.7	27.8
上浮	小计	68.5	55.5	57.0	63.5	54.5	49.2	49.1
	(1.0，1.1]	18.5	19.2	19.1	18.9	11.5	11.5	9.6
	(1.1，1.3]	12.6	10.7	13.2	13.2	12.2	12.6	10.0
	(1.3，1.5]	10.5	9.3	9.9	10.7	10.6	9.4	7.0
	(1.5，2.0]	18.3	10.1	10.6	14.7	12.7	8.5	14.6
	2.0以上	8.6	6.2	4.2	6.0	7.5	7.2	7.9

资料来源：中国人民银行天津分行。

表3　2019年天津市金融机构人民币一般贷款各利率浮动区间占比情况（改革后）

单位：%

月份		8月	9月	10月	11月	12月
合计		100.0	100.0	100.0	100.0	100.0
LPR减点		13.9	16.3	15.3	14.9	27.0
LPR		0.0	0.1	1.3	1.4	0.9
LPR加点	小计	86.0	83.5	83.5	83.6	72.0
	(LPR，LPR+0.5%]	25.8	25.0	27.4	20.2	21.8
	[LPR+0.5%，LPR+1.5%)	26.2	25.3	19.4	23.9	16.1
	[LPR+1.5%，LPR+3%)	14.5	17.6	12.6	19.1	13.3
	[LPR+3%，LPR+5%)	10.6	9.9	12.9	10.0	8.0
	LPR+5%及以上	8.9	5.7	11.2	10.4	12.8

资料来源：中国人民银行天津分行。

5. 不良贷款"双降"，关注类贷款上升。2019年，天津市积极推进不良贷款处置，改善资产质量，不良贷款实现"双降"。2019年底，天津市银行业不良贷款余额为882.3亿元，比年初减少56.8亿元；不良贷款率为2.29%，比年初下降0.3个百分点。关注类贷款余额为2 420.2亿元，比年初增加748.1亿元；关注类贷款率为6.3%，比年初上升1.7个百分点。

6. 人民币跨境收付量下降，资金净流出收窄。受中美贸易摩擦、人民币汇率波动等因素影响，人民币跨境收付量下降。2019年，天津市人民币跨境收付1 821.6亿元，同比下降14.9%。其中：收入864.9亿元，同比下降10.5%；支出956.7亿元，同比下降18.5%，净流出91.8亿元，同比下降55.9%。经常项下资金净流出200.5亿元，同比下降23.2%，资本项下净流入108.8亿元，同比增长1倍。与中国香港发生的人民币跨境收付量占比为27.9%，同比下降10.7个百分点，欧美国家占比为34.9%，同比增长6.0个百分点。境内主体参与积极，2019年新增企业1 100家，同比增长15.6%。

（二）证券业资产规模稳步扩大，各类市场保持平稳

2019年，天津市各类证券业机构稳定发展，经营风险基本可控，法人证券公司资产规模稳步增长，基金管理公司业务规模有所缩减，期货公司代理交易规模增加。

表4　　2019年天津市证券业基本情况

项目	数量
总部设在辖内的证券公司数/家	1
总部设在辖内的基金公司数/家	1
总部设在辖内的期货公司数/家	6
年末国内上市公司数/家	54
当年国内股票（A股）筹资/亿元	180
当年发行H股筹资/亿元	0
当年国内债券筹资/亿元	2 414
其中：短期融资券筹资额/亿元	881
中期票据筹资额/亿元	447

资料来源：天津证监局、中国人民银行天津分行。

1. 法人证券公司资产规模平稳增长，经营风险可控。法人证券公司资产总额为513.4亿元，同比增长6.5%；负债总额为310.4亿元，同比增长9.6%；实现净利润10.0亿元，较上年增加4.1亿元。2019年底，法人证券公司风险覆盖率和净稳定资金率分别较监管预警标准高156.4个和58.2个百分点。

2. 法人基金公司业务规模缩减，业务结构优化。2019年底，法人基金公司资产总额为127.6亿元，同比增加22.1亿元，负债总额为18.4亿元，同比减少0.7亿元。共管理基金62只，同比增加17只，基金净值为12 826.5亿元，同比减少594.2亿元，单一产品集中度有所下降。

3. 法人期货公司资产规模快速发展，代理交易保持较快增长。2019年底，天津市6家法人期货公司资产合计137.2亿元，同比增长46.0%；净资产总额为24.5亿元，同比增长8.0%；代理交易额为73 718.8亿元，同比增长66.7%；代理交易量为11 937.0万手，同比增长71.5%。

(三)保险业发展更趋多元,人身险保持较快发展

1. 经营主体保持稳定,资产规模有所回升。2019年底,天津市共有6家法人保险公司,省级分公司69家,较上年增加6家。保险公司在津分支机构资产总额为1 548.6亿元,同比增长10.4%。其中,财产险公司资产总额为131.2亿元,同比增长5.5%;人身险公司资产总额1 417.4亿元,同比增长10.9%。

表5　　　　　　　　2019年天津市保险业基本情况

项目	数量
总部设在辖内的保险公司数/家	6
其中:财产险经营主体/家	2
寿险经营主体/家	4
保险公司分支机构/家	69
其中:财产险公司分支机构/家	28
寿险公司分支机构/家	41
保费收入(中外资)	618
其中:财产险保费收入/亿元	152
人身险保费收入/亿元	466
各类赔款给付(中外资)/亿元	158
保险密度/(元/人)	—
保险深度/%	—

资料来源:天津银保监局、中国人民银行天津分行。

2. 保费收入稳步增长,保险保障覆盖面扩大。2019年,天津市保险业共实现保费收入617.9亿元,同比增长10.3%。其中,财产险保费收入为152.2亿元,同比增长5.4%;人身险保费收入为465.7亿元,同比增长12.1%。全年财产保险公司签单12 777.5万件,同比增长238.8%。其中,货物运输保险、保证保险、健康保险签单数量明显增加。

3. 销售渠道略有改善,个人代理仍占主导。2019年,银邮代理渠道实现保费收入143.7亿元,同比增长10.1%,占原保险保费收入的31.7%,同比下降0.3个百分点。公司直销渠道实现保费收入41.1亿元,同比增长14.6%,占原保险保费收入的9.1%,同比上升0.3个百分点。个人代理渠道实现保费收入253.4亿元,同比增长10.0%,占原

保险保费收入的56.0%,同比下降0.5个百分点。

(四)金融市场交易活跃,融资效率进一步提升

1. 直接融资占比进一步提高,表外融资快速回落。2019年,天津市社会融资规模为2 866.4亿元,比上年少426.6亿元。企业直接融资占比大幅上升,企业直接融资占社会融资规模的34.3%,同比上升10.7个百分点。表内贷款占比小幅增长,本外币各项贷款占社会融资规模的71.5%,同比上升1.5个百分点。受市场、监管等因素影响,"去通道""缩链条"态势持续,表外融资快速回落,2019年减少1 754.2亿元,同比多减699.5亿元。

2. 货币市场交易活跃,资金价格小幅下行。2019年,天津市银行间同业拆借市场完成信用拆借533 583.2亿元,同比上升15.7%,隔夜和7天拆借占比达91.7%。拆入和拆出加权平均利率分别为2.62%和2.53%,较上年分别下降0.41个和0.29个百分点;现券买卖成交金额为8 642.1亿元,是上年的2.4倍。现券买入和卖出加权平均收益率分别为3.18%和3.17%,较上年分别下降0.61个和0.45个百分点。黄金业务交易金额为189.7亿元,同比上升43.3%。非金融企业在银行间市场发行债务融资工具1 747.7亿元,同比增长12.9%。

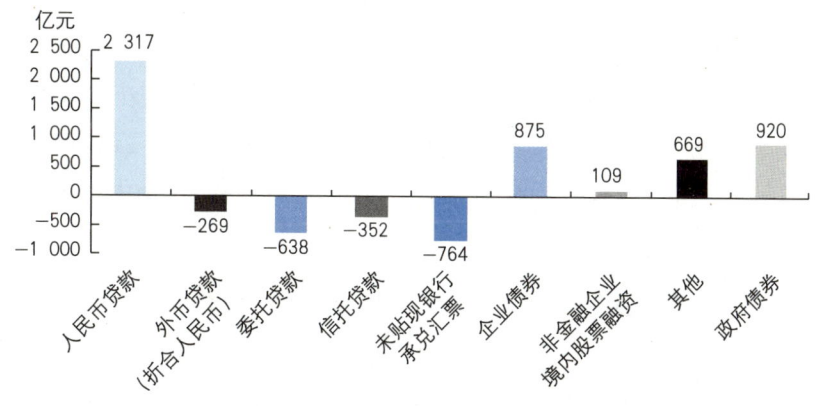

图5 2019年天津市社会融资规模

(资料来源:中国人民银行天津分行)

(五)金融改革创新有序推进,金融活力增强

2019年,天津金融创新运营示范区再添新亮点,启动OTC科创专板,助推科创企业发展壮大,推出全国首单知识产权证券化产品和北方地区首单保障房资产支持专项计划。国家租赁创新示范区建设取得新进展,在全国率先开展飞机保税退租再租赁交易、飞机租赁资产证券化及无形资产租赁。自贸试验区金融改革创新取得新突破,《关于金融支持中国(天津)自由贸易试验区建设的指导意见》(以下简称"金改30条")有11项措施在全国复制推广,复制上海自贸区FT账户取得实质进展。银行间市场创新产品不断涌现。渤海银行发行全国首单非上市商业银行永续债券,金额200亿元,成功发行华北地区首单信用风险缓释凭证支持的短期债券和天津市首单绿色定向债务融资工具。

专栏2

天津自贸试验区金融改革创新扎实推进

2019年,天津自贸试验区(以下简称"自贸区")金融改革创新政策加快落地实施,复制上海自贸区FT账户、外汇管理创新业务、跨境人民币贸易投资便利化试点等创新政策取得明显成效,公平、透明、高效的营商环境持续优化,有力支持了天津自贸区改革创新发展。

一、金融改革创新政策加快落地,金融跨境业务快速发展

2019年底,"金改30条"准予实施政策全部落地实施,其中11项措施在全国复制推广。2019年4月,中国人民银行批复同意天津自贸区复制上海自贸区FT账户体系,"金改30条"中探索建

立与自贸区相适应的账户管理体系获得突破。2019年末，已有两家银行正式接入FT账户分账核算业务系统，为企业办理FT账户业务34.2亿元人民币，天津成为领先广州、深圳首先上线两家银行的城市。FT账户的成功落地，为加快推进天津自贸区金融改革创新，扩大人民币跨境使用，打造天津自贸区金融业对外开放示范窗口奠定了坚实基础。自贸区挂牌至2019年底，区内主体累计新开立本外币账户8.1万个；办理跨境收支2117.5亿美元，占全市总额的24.6%；结售汇942.4亿美元；跨境人民币结算4 111.3亿人民币，占全市的43.3%。

二、大力支持实体经济发展，金融服务更加便利高效

深入开展更高水平的跨境人民币贸易投资便利化试点，优质企业办理跨境人民币贸易投资业务无须向区内银行逐笔提交审核材料，银行也无须逐笔审核企业收付款相关凭证，天津市自律机制优质企业跨境人民币结算便利化方案落地实施，贸易投融资更加便利。自贸区挂牌至2019年底，区内企业开展全口径跨境融资累计借用外债近60亿美元，区内银行发放境外人民币贷款207.4亿元，跨境双向人民币资金池业务结算量382.4亿元人民币。取消A类企业贸易收入待核查管理，外汇资本金和外债资金实行意愿结汇，大幅提升了企业资金周转效率。截至2019年底，区内A类企业办理贸易收汇未经过待核查账户290.8亿美元，区内企业直接到银行办理外商直接投资和境外投资项下各类外汇登记682.6亿美元；区内企业办理外债资金意愿结汇20.3亿美元、资本金意愿结汇31.5亿美元，区内银行为境外机构办理外汇衍生品交易21.5亿美元。

三、加快建设国家租赁创新示范区，特色创新政策优势更加凸显

天津东疆保税港区成为全国首家获批开展经营性租赁收取外

币租金业务的区域，试点以来累计办理业务突破77亿美元。积极推进全国首个融资租赁公司外债便利化试点，已有4家融资租赁企业获得试点资格，28家特殊项目公司共享外债额度，完成外债登记21笔。自贸区挂牌至2019年底，区内88家融资租赁公司办理境内融资租赁业务收取外币租金近40亿美元，办理售后回租项下外币支付贷款2.1亿美元。2018年底，天津自贸区获批开展飞机离岸融资租赁对外债权登记业务，成为全国首个也是唯一获批开展该项业务的地区。

四、外汇管理改革再升级，外汇服务水平进一步提升

2019年7月，经国家外汇管理局批准，国家外汇管理局天津分局印发《关于修订〈进一步推进中国（天津）自由贸易试验区外汇管理改革试点实施细则〉的通知》（津汇发〔2019〕38号），从简政放权、提高投融资便利化、完善宏观审慎管理等方面入手，新出台资本项目外汇收入支付便利化、简化外汇登记管理、允许区内借用外债企业调整借用模式等六项外汇管理便利化创新政策。政策实施以来成效逐步显现，截至2019年底，自贸区内企业办理境内直接投资登记、变更、注销业务89笔，涉及金额54.5亿美元；实施资本项目外汇收入支付便利化业务1 509笔，支付金额3.8亿元人民币；1家企业办理外债模式调整业务；15家银行为17家企业直接办理23笔外债注销业务。

（六）金融基础设施不断完善，生态环境持续优化

1. 完善支付结算体系，服务水平不断提升。2019年，天津市各类支付系统共处理人民币业务134.9万亿元，同比增长1.8%。5月20日，取消企业银行账户许可，促进营商环境优化。不断完善农村支付环境建设，人民银行支付系统基本覆盖天津所有乡镇，农村地区人均持卡4.3张，网上银行和手机银行开户数量同比分别增长15.5%和

18.8%。积极推进天津市移动支付便民工程,创新打造"小二生活"平台,聚焦服务实体商户,推动首个高校刷脸支付试点项目在津落地,共服务师生68.3万人次。实现公共交通领域移动支付的全覆盖。

2. 推进征信基础设施建设,信用环境更趋良好。2019年,天津市辖内金融机构分别查询个人及企业信用报告6 185.2万笔和28.0万笔;征信自助查询机实现区县全覆盖,自助查询机查询占个人信用报告查询总量的99.9%。大力推进应收账款融资服务平台建设工作,成交金额940.7亿元,其中,中小微企业融资占融资总额的57.5%。与和平区、蓟州区人民政府签署备忘录,推动小微企业及农村信用体系建设。联合开展"诚信建设万里行"活动,开展"征信助力中小微与民营企业融资成果展",与6所院校签订开展征信知识宣传教育合作协议,普及征信知识。

3. 创新机制模式,金融消费权益保护进一步增强。2019年,天津市积极推进金融知识宣传教育,开展"助力乡村振兴 金融扶智进百村"活动,探索金融扶贫和扶智互促共赢新模式,制作"'津'融微课堂"系列金融知识科普视频,打造金融知识普及线上教育精品公开课。对6家银行和1家支付公司开展现场检查,对82家机构开展非现场评估,实现了参评机构类型全覆盖,引导金融机构规范提供金融产品和服务。12月26日,天津市金融消费纠纷调解中心正式设立,天津市金融消费纠纷行政调解、人民调解、司法调解、行业调解的多层次调解机制基本形成。"12363"呼叫中心共受理处理咨询5 175件,投诉113件,消费者整体满意度较高。

二、经济运行情况

2019年,天津市坚持稳中求进工作总基调,深入推进供给侧结构性改革,着力做好"六稳"工作,全市经济稳步回升,产业结构继续优化,投资和服务业对经济拉动作用突出,改革深入推进,动能转换步伐加快,市场活力不断释放,高质量发展扎实推进,社会保持和谐稳定,"五个现代化天津"建设取得新进展。

(一)经济增长稳步回升,投资拉动效果显著

2019年天津市生产总值为14 104.3亿元,按可比价格计算,同比增长4.8%,增速比上年加快1.2个百分点,分别比第一季度、上半年和前三个季度加快0.3个、0.2个和0.2个百分点。

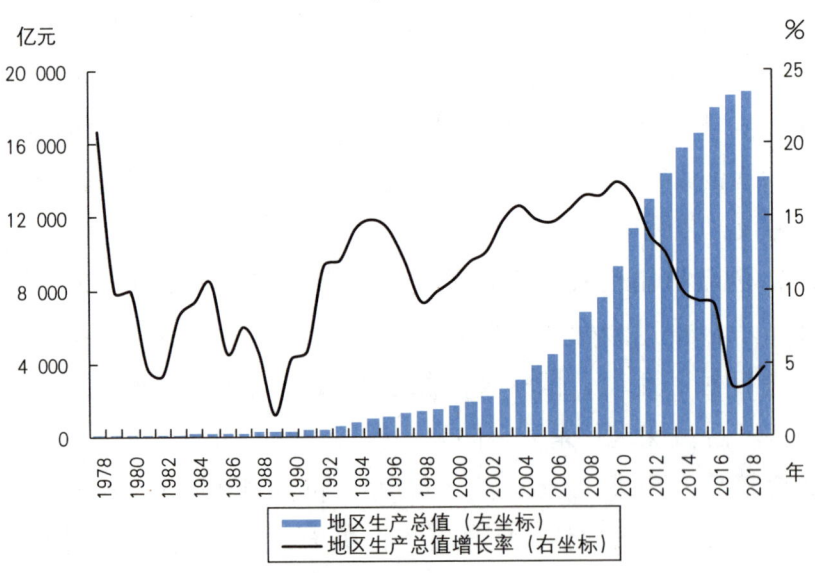

图6　1978—2019年天津市生产总值及增长率

(资料来源:天津市统计局)

1. 投资较快增长,结构持续调整。2019年,天津市固定资产投资(不含农户)同比增长13.9%。其中,民间投资增长3.5%,占全市投资的41.1%,比重较上年下降4.1个百分点。分产业看,第一产业投资增长10.3%;第二产业投资增长17.4%,其中,食品制造业增长64.5%,医药制造业增长88.6%,计算机通信和其他电子设备制造业增长57.9%;第三产业投资增长12.8%,其中,金融业增长1.1倍,租

赁和商务服务业增长34.2%。

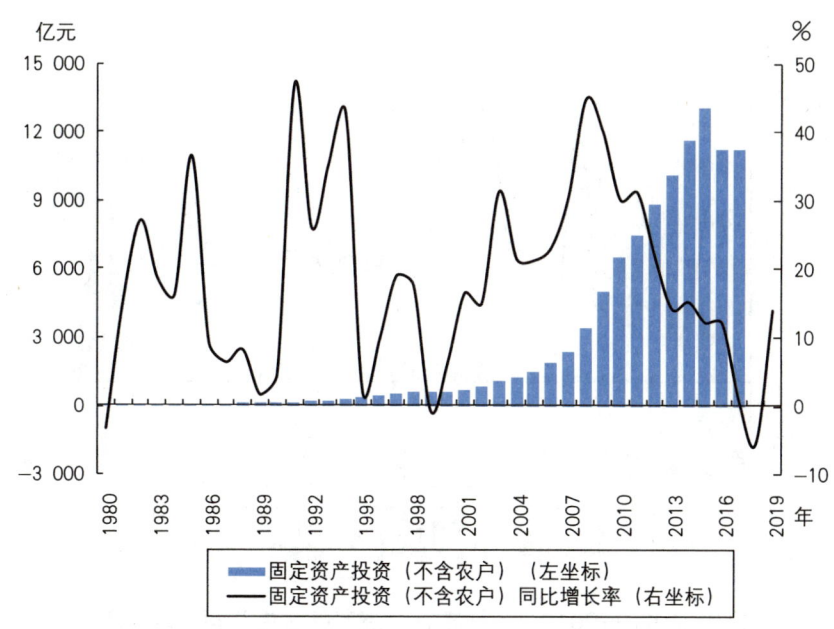

注：2011年以前为全社会固定资产投资数据。

图7　1980—2019年天津市固定资产投资及增长率

（资料来源：天津市统计局、中国经济景气月报）

2. 消费市场降幅收窄，升级速度加快。2019年，天津社会消费品零售总额同比下降0.3%，降幅逐季收窄，增速较上年下降2.0个百分点。汽车和石油及制品零售额分别下降16.5%和14.7%，为下拉消费增速的主要原因。服务性消费较快增长，全市人均服务性消费支出同比增长13.2%，快于人均消费支出6.7个百分点。教育文化和娱乐支出增长12.5%，医疗保健支出增长11.8%。大众餐饮持续较快增长，住宿和餐饮业营业额增长10.0%，其中限额以下住宿餐饮业营业额增长11.2%；限额以上餐饮配送类增长30.8%。

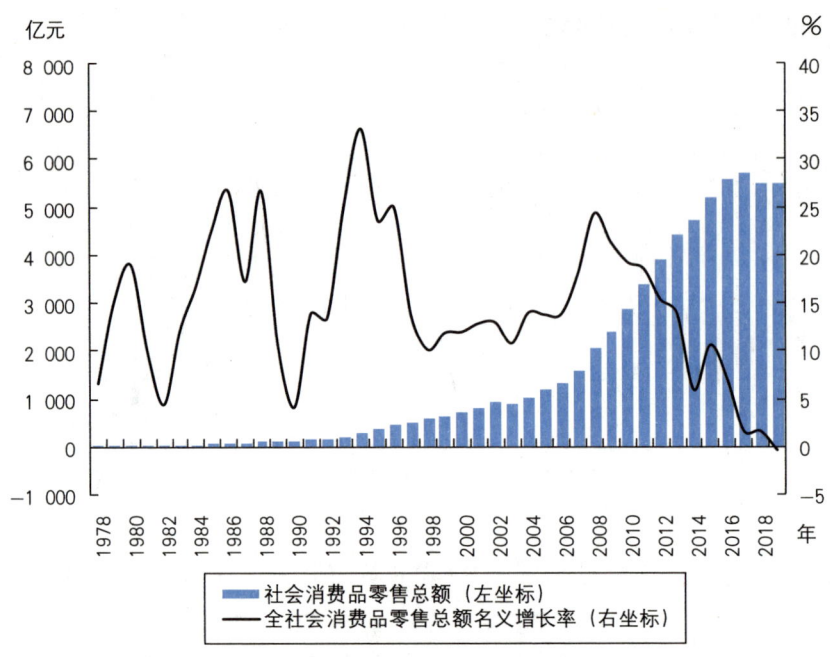

图8　1978—2019年天津市社会消费品零售总额及增长率

（资料来源：天津市统计局）

3. 外贸进出口下降，外商投资保持平稳。2019年，天津市实现外贸进出口7 346.0亿元，同比下降9.1%；其中出口为3 017.8亿元，同比下降5.9%；进口为4 328.2亿元，同比下降11.2%。一般贸易出口为1 578.0亿元，同比增长1.4%，占全部出口比重为52.3%，较上年提高3.8个百分点。2019年，新批外商投资企业711家，同比下降34.7%；实际直接利用外资额47.3亿美元，同比增长3.0%。

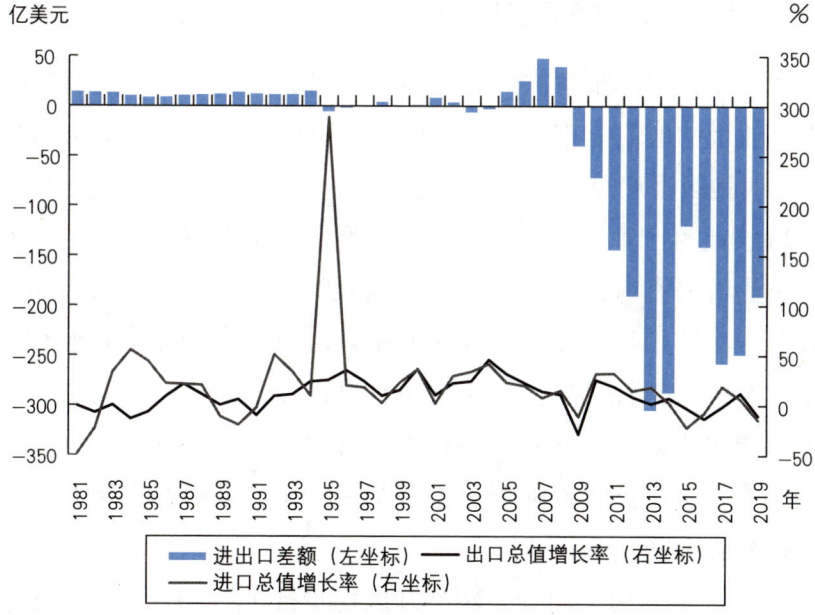

图9　1981—2019年天津市货物进出口变动情况

（资料来源：天津市海关）

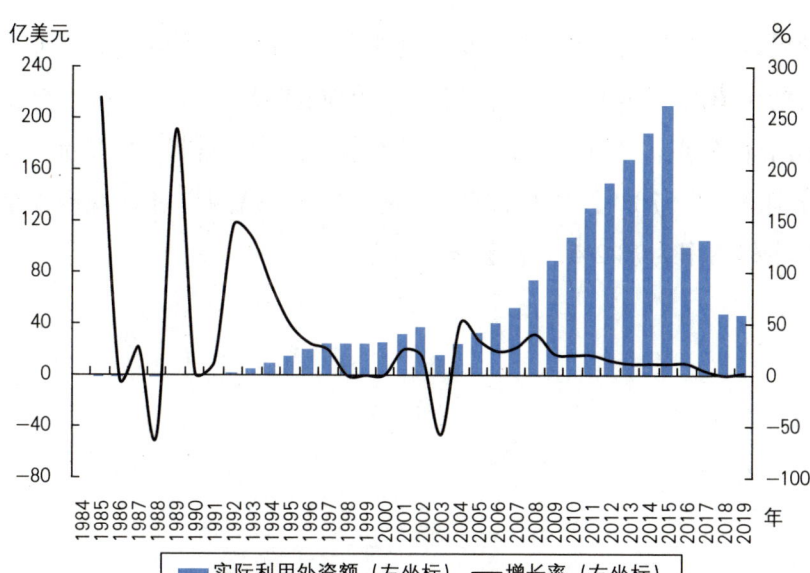

图10　1985—2019年天津市实际利用外资额及增长率

（资料来源：天津市统计局）

（二）产业结构持续优化，服务业地位进一步巩固

2019年，天津市三次产业增加值分别增长0.2%、3.2%和5.9%。三次产业增加值占全市总产出比重依次为1.3%、35.2%和63.5%。第三产业对地区生产总值的贡献率超75%[①]。

1. 农业生产基本稳定，现代都市型农业加快发展。2019年，天津市农业增加值为185.2亿元，同比增长0.2%。全年建成26万亩高标准农田，小站稻种植面积达到80万亩，培育国家级龙头企业17家。推进种业振兴工程，奥群国家肉羊种群性能测定中心、南繁科研育种基地加快建设。实施稳定生猪生产行动计划。创建畜禽标准化示范区30个、优质高效渔业养殖生产基地50个，农产品监测总体合格率达99.8%，位居全国前列。

2. 工业生产稳中向好，转型升级稳步推进。2019年，天津市规模以上工业增加值增长3.4%，比上年加快1.0个百分点。分企业类型看，国有企业增长3.9%，民营企业增长1.3%。装备制造业带动作用增强，增加值同比增长6.7%，快于全市规模以上工业3.3个百分点，占规模以上工业的比重为33.5%，比上年提高0.7个百分点。工业发展质量稳中有进，战略性新兴产业增加值同比增长3.8%，快于全市工业0.4个百分点。新能源汽车、工业机器人、服务机器人等新产品产量分别增长5 670%、40.0%和85.8%。2019年第四季度，规模以上工业产能利用率为78.2%，呈逐季走高态势。

---

① 人民银行天津分行根据有关数据计算。

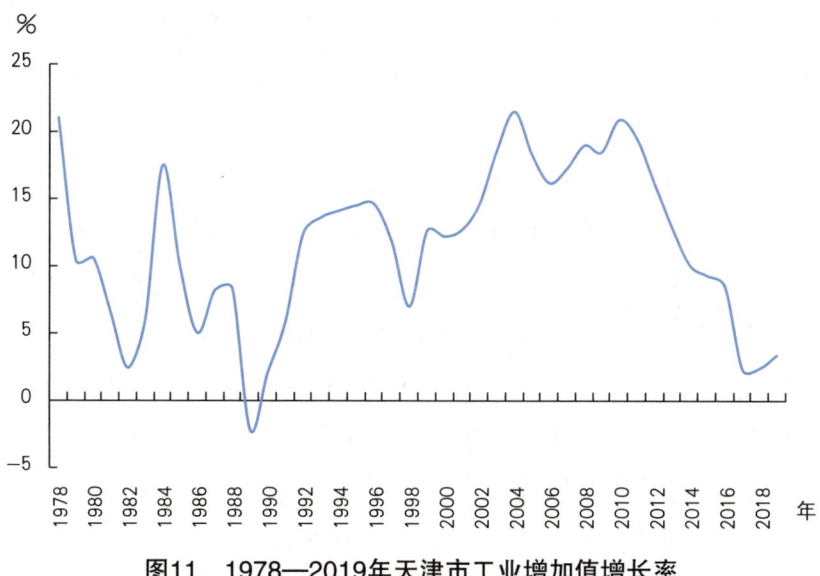

图11　1978—2019年天津市工业增加值增长率

（资料来源：天津市统计局）

3.服务业地位进一步巩固，现代服务业发展良好。2019年，服务业增加值占全市生产总值的比重为63.5%，比上年提高1.0个百分点。其中，电信业务总量增长62.4%；交通运输、仓储和邮政业增加值增长6.8%，住宿和餐饮业增加值增长4.6%，金融业增加值增长3.3%，批发和零售业增加值增长0.3%。现代服务业持续壮大，云账户共享、今日头条、滴滴出行等新型企业蓬勃发展。初步建成国家租赁创新示范区，租赁2.0升级版创新政策加速落地。

（三）改革深入推进，增长动能不断积聚

1.改革取得新突破。市属国企混合所有制改革深入推进，7家企业成功实现集团层面混改，53家二级及以下企业完成混改，共吸引社会资本315.9亿元，混改后成立的新天钢集团当年实现扭亏为盈，产值增加72.7%。利用社会资本取得突破性进展，获批发行200亿元优质企业债券，PPP项目累计总投资超过1 800亿元。海河产业基金协议认缴规模达1 150亿元，在全国政府引导基金中位居前列。自贸试验区"深改方案"128项任务完成122项,27项创新成果在全国复制推广,自贸试验区新登记市场主体累计超过6.4万户、注册资本超过2.2万亿元。

2.增长动能不断积聚。科技创新成效显著,新一代超级计算机、国家合成生物技术创新中心等国家级创新平台落户,推出全球首款脑机接口专用芯片、光伏用12英寸单晶硅片,万人发明专利拥有量22.3件。国家新一代人工智能创新发展试验区获批建设,360上市公司、紫光云总部、TCL北方总部、国美智能等落户,人工智能"七链"高新技术企业倍增,智慧科技类企业快速成长。优势产业提质升级,航空航天产业快速增长,空客A350完成和交付中心项目落户,汽车产量突破120万辆,同比增长20.7%。

(四)居民消费价格温和上涨,工业生产者价格小幅回落

1.居民消费价格温和上涨。2019年,天津市居民消费价格指数同比增长2.7%,较上年提高0.7个百分点。八大类商品价格呈现"七涨一降"的走势,其中:其他用品和服务价格上涨5.0%,食品烟酒价格上涨4.6%,教育文化和娱乐价格上涨4.2%,居住类价格上涨2.4%,衣着价格上涨2.1%,生活用品及服务价格上涨0.9%,医疗保健价格上涨0.9%,交通和通信类价格下降0.7%。在总水平2.7%的涨幅中,翘尾因素约为0.3个百分点,新涨价因素约为2.4个百分点。

2.工业生产者出厂价格和购进价格出现下降。2019年,天津市工业生产者购进价格同比下降1.2%,上年为同比上涨6.2%;工业生产者出厂价格同比下降0.7%,上年为同比上涨5.4%。从工业生产者出厂价格构成结构看,生产资料价格同比下降1.2%,生活资料价格同比上涨0.8%。

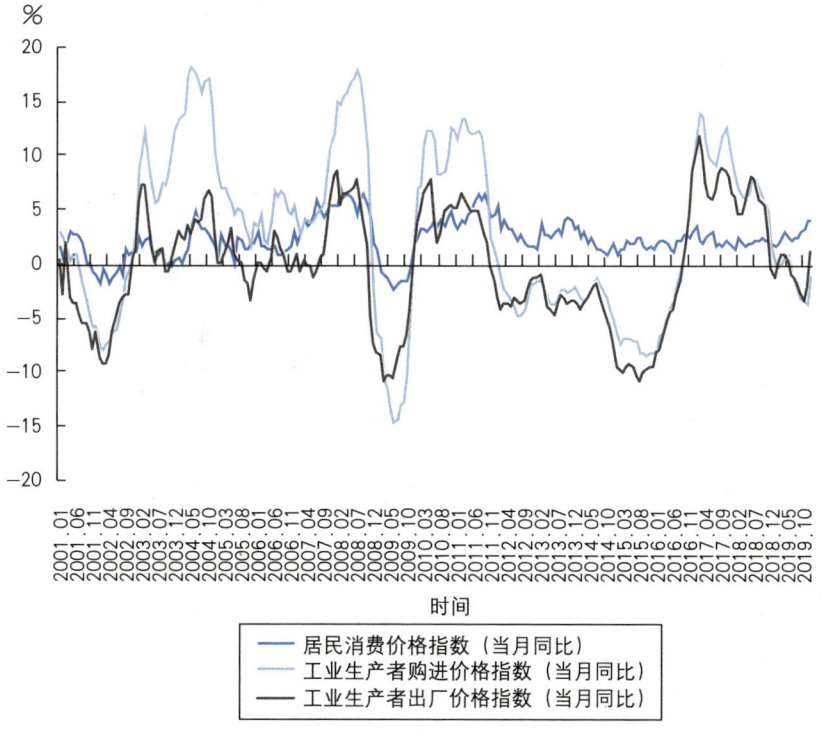

图12　2001—2019年天津市居民消费价格和生产者价格变动趋势

（资料来源：天津市统计局）

（五）财政收支增长由负转正，民生保障不断增强

1. 财政收支增长由负转正。在大规模减税降费的背景下，2019年天津市一般公共预算收入为2 410.3亿元，同比增长14.4%，较上年提高23.2个百分点。其中，税收收入同比增长0.6%，非税收入同比增长61.2%。全市一般公共预算支出为3 508.7亿元，同比增长13.0%，较上年加快18.4个百分点。其中，节能环保支出为242.2亿元，同比增长264.5%；城乡社区支出为751.2亿元，同比增长34.0%。

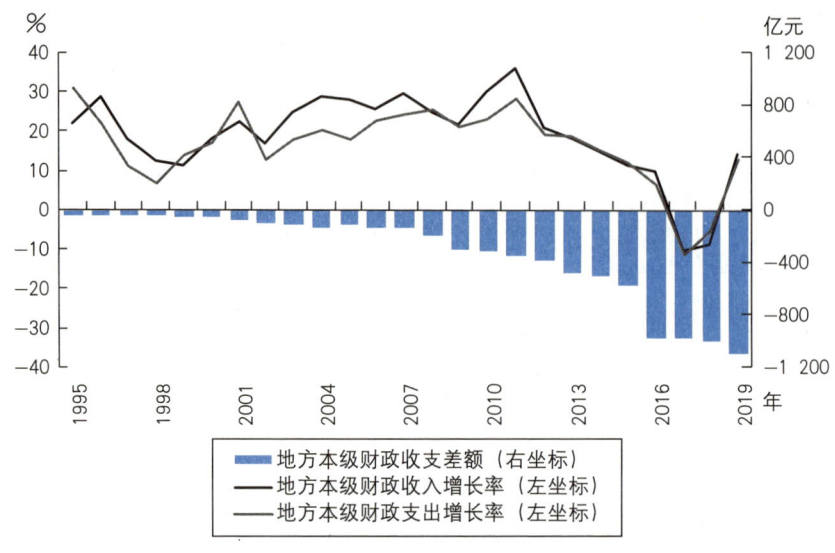

图13　1995—2019年天津市财政收支状况

（资料来源：天津市统计局）

2. 惠民生取得新进展。全面完成147万平方米三年棚改任务，6.3万户近30万人受益。完成8 310万平方米老旧小区及远年住房三年改造任务，127万户居住品质得到提升。生态环境显著改善，完成120万户居民冬季清洁取暖改造，地表水优良水体比例提高10个百分点，劣Ⅴ类地表水比例下降20个百分点，近岸海域水质优良比例达81%，提升31个百分点。西青区成功创建国家生态文明建设示范区。新增就业50.2万人，首次突破50万人，同比增长2.4%，城镇登记失业率控制在3.5%。"海河英才"行动计划累计引进人才24.8万人，其中资格型和技能型人才占比45.1%。

（六）调控政策效应持续发挥，房地产市场运行总体平稳

2019年，天津市坚持"房住不炒"定位，围绕"稳地价、稳房价、稳预期"的目标要求，加强供需调节、强化预期管理、健全长效机制，房地产市场保持平稳运行。

1. 开发投资规模稳步增长，住房建设力度加大。2019年，天津

市房地产开发实现投资2 727.8亿元,同比增长12.5%,较上年提高3.9个百分点。其中,住宅开发投资2 200.0亿元,占全部房地产开发投资的80.7%,较上年提高3.8个百分点,比年初新增336.5亿元,同比多增32.7亿元。

2. 房地产竣工面积大幅下降,新开工及施工面积增速放缓。2019年,天津市房地产竣工面积为1 655.5万平方米,同比下降20.9%,较上年减少24.3个百分点;新开工面积为2 544.8万平方米,同比增长2.6%,较上年下降3.6个百分点;施工面积为11 453.4万平方米,同比增长10.9%,较上年下降6.5个百分点。

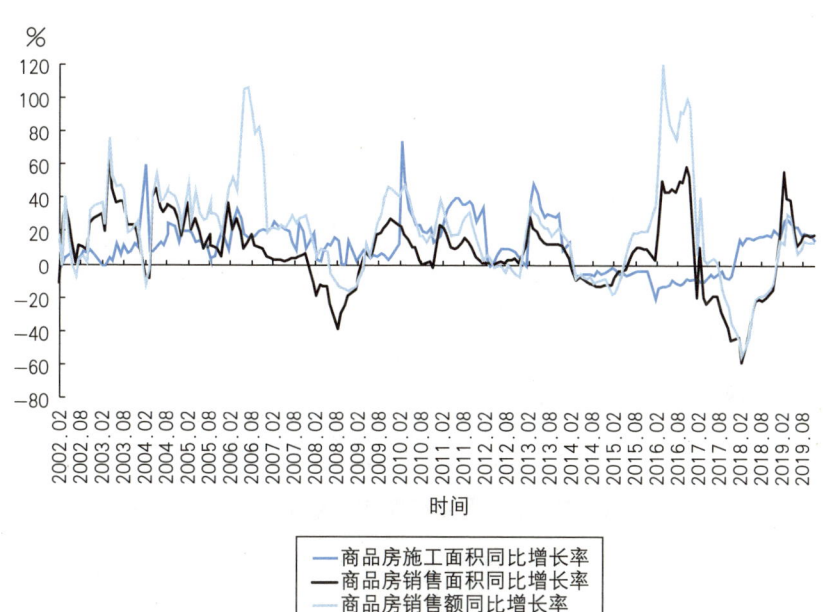

图14　2002—2019年天津市商品房施工和销售变动趋势

(资料来源:天津市统计局)

3. 住房成交面积及金额同比回升,新房交易增长较多。2019年,天津市商品住宅销售面积为2 646.8万平方米,同比增长13.8%,较上年提高14.9个百分点;销售金额为3 816.7亿元,同比增长15.3%,较上年提高15.2个百分点。其中,新建住宅累计销售面积为

1 382.6万平方米,同比增长21.2%,较上年提高36.3个百分点,销售金额为2 132.5亿元,同比增长17.4%,较上年提高28.0个百分点。

4. 房屋销售价格指数表现平稳,二手房波动相对明显。2019年,天津市商品房销售价格指数整体波动不大。新房变化较小,环比指数保持在99.6~100.7的区间内;二手房价格波动相对较大,环比指数从7月持续处于100以下水平,同比指数自1月从105.6逐月回落至100.0。

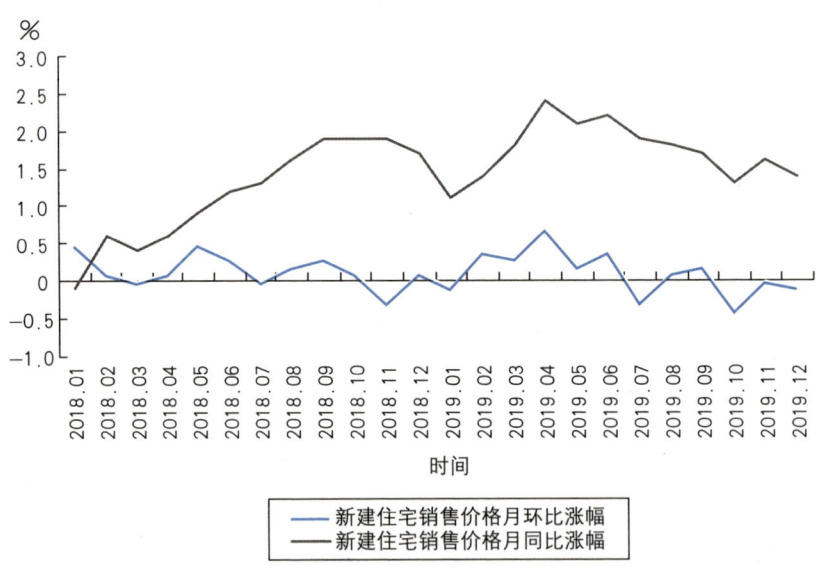

图15　2017—2019年天津市新建住宅销售价格变动趋势

(资料来源:天津市统计局)

5. 房地产信贷总量持续提高,增速、增量及新增占比同比回落。2019年底,天津市房地产贷款余额9 075.6亿元,同比增长10.0%,较上年下降4.7个百分点;比年初新增824.6亿元,同比少增231.5亿元;在各项人民币新增贷款中的占比为35.8%,较上年下降7.7个百分点。

三、预测与展望

当前,天津市经济金融仍然存在市场主体偏少、推进新旧动能转换力度不够、新动能支撑作用不强、创新驱动发展制度供给不足、经济稳增长压力等问题。2020年天津市面临的形势依然严峻，全市将以习近平新时代中国特色社会主义思想为指导，全面贯彻党的十九大和十九届二中、三中、四中全会精神，深入贯彻落实习近平总书记对天津工作"三个着力"重要要求和一系列重要指示批示精神，紧扣高质量发展要求，依托天津区位优势和天津港战略地位，大力推进供给侧结构性改革，持续优化营商环境，加快各类要素聚集，进一步释放市场活力，巩固高质量发展态势，推动经济持续健康发展和社会大局稳定。

金融业将认真贯彻稳健的货币政策要更加灵活适度的要求，积极支持经济转型升级和结构调整，增进对民营经济、小微企业、制造业及重点领域的金融服务，完善贷款市场报价利率传导机制，有效降低实体经济融资成本。继续打好防范化解重大风险攻坚战，有序处置化解不良资产，增强金融业抵御风险能力。稳步推进金融改革与创新，继续落实金融支持自贸试验区建设政策，加快建设金融创新运营示范区，大力发展科技金融、物流金融、租赁金融和绿色金融，促进各类市场稳定发展，金融服务实体经济效力不断提升。

总　纂：王晓明　王会奇
统　稿：李　鹏　徐　刚
执　笔：郝慧刚　孙坤鑫
提供材料的还有：王贵鹏　冀志芳　李庶民　刘亚楼　魏昆利
　　　　　　　　李　萌　周中明　钟　辉　李晓迟　刘　冬
　　　　　　　　张成祥　高　磊　梁景宗　苗润雨　李稳立
　　　　　　　　杨彩丽　曾　薇　苏　颖　刘红玉　杨维曦
　　　　　　　　宋俊平　李　师　郭光锐　朱芮菁　范雨桐
　　　　　　　　高　婧　张　珺

附录：

（一）天津市经济金融大事记（2019年）

1月23日，中国人民银行天津分行组织召开2019年天津市银行业管理与服务工作会议，贯彻落实党和国家关于金融工作重要要求，部署金融工作主要任务，深入推进金融高质量发展。

3月21日，中国人民银行天津分行发布《关于进一步加强民营企业金融服务工作的通知》，提出六方面十项具体措施，缓解民营小微企业融资难融资贵问题。

5月20日，天津市全面取消企业银行账户许可，企业开立、变更、撤销基本存款账户、临时存款账户，由核准制改为备案制。

6月14日，诚信建设万里行——暨"建诚信天津、筑文明社会"系列宣传教育活动启动。

7月1日，天津市非税收入全部取消纸质缴费凭证。

9月20日，以"关注个人金融信息保护，增强民众金融安全意识"为主题的2019年国家网络安全宣传周——金融网络安全论坛在天津举办。

9月30日，《中国（天津）自由贸易试验区创新发展行动方案》公布实施，对于促进自贸区制度、政策、功能、产业创新升级具有重要意义。

10月15日，《关于进一步优化金融营商环境的意见》出台，提出优化信贷流程、降低企业上市成本、推进信用体系建设、准确认定融资法律关系等十五条具体措施。

11月26日，中国人民银行批准招商银行天津分行接入自由贸易账户（"FT账户"）分账核算业务系统，标志"FT账户"体系在天津正式落地。

12月26日，天津银行业"百行进万企"工作推动会召开。

(二) 天津市主要经济金融指标

表1　2019年天津市主要存贷款指标

项目	1月	2月	3月	4月	5月	6月	7月	8月	9月	10月	11月	12月
金融机构各项存款余额/亿元	32 058	31 790	31 975	31 662	31 725	32 088	31 457	31 527	31 689	31 200	31 196	31 789
其中：住户存款	11 440	11 591	11 742	11 690	11 765	12 037	12 013	12 147	12 363	12 327	12 460	12 839
非金融企业存款	14 178	13 850	13 608	13 430	13 436	13 836	13 147	13 216	13 283	13 010	12 888	13 261
各项存款余额比上月增加/亿元	1 065	−268	185	−313	63	362	−631	70	162	−489	−4	593
金融机构各项存款余额同比增长/%	3.0	3.4	4.6	4.5	4.4	5.9	4.5	3.6	4.6	3.0	2.2	2.6
金融机构各项贷款余额/亿元	34 747	34 683	34 723	34 912	35 150	35 383	35 650	35 942	36 109	36 064	36 239	36 141
其中：短期	8 120	8 183	8 250	8 270	8 335	8 521	8 415	8 365	8 283	8 251	8 209	8 005
中长期	20 164	20 098	20 207	20 326	20 450	20 589	20 839	21 059	21 228	21 201	21 376	21 559
票据融资	1 190	1 168	1 137	1 178	1 188	1 179	1 282	1 343	1 354	1 373	1 363	1 303
各项贷款余额比上月增加/亿元	632	−65	41	189	238	233	267	292	167	−45	175	−98
其中：短期	246	64	66	21	65	187	−106	−51	−82	−31	−43	−204
中长期	319	−66	109	119	124	139	250	219	170	−27	175	183
票据融资	67	−22	−31	41	10	−9	103	61	10	19	−10	−60
金融机构各项贷款同比增长/%	8.5	7.8	7.2	6.8	7.0	7.1	7.6	8.3	8.1	7.2	6.8	6.0
其中：短期	3.2	4.4	4.9	4.9	6.2	8.0	9.6	9.5	8.9	7.1	5.5	1.8
中长期	8.4	7.2	6.9	6.9	7.3	8.0	8.6	10.2	9.7	8.5	8.6	8.8
票据融资	64.7	66.7	74.6	72.1	58.9	39.3	30.9	27.8	22.7	36.2	32.5	16.0
本外市 建筑业贷款余额/亿元	1 059	1 073	1 115	1 145	1 122	1 117	1 132	1 131	1 141	1 120	1 120	1 060
房地产业贷款余额/亿元	2 117	2 123	2 138	2 142	2 152	2 198	2 248	2 269	2 276	2 294	2 308	2 262
建筑业贷款同比增长/%	−8.1	−9.1	−4.3	−3.2	−7.2	−8.6	−3.5	−0.6	−1.8	−2.1	0.3	7.0
房地产业贷款同比增长/%	18.5	17.8	17.0	16.3	15.2	13.3	15.3	14.9	9.0	7.7	8.3	8.5

续表

项目		1月	2月	3月	4月	5月	6月	7月	8月	9月	10月	11月	12月
人民币	金融机构各项存款余额/亿元	30 993	30 730	30 858	30 558	30 623	30 993	30 408	30 471	30 638	30 121	30 141	30 700
	其中：住户存款	11 240	11 391	11 541	11 490	11 563	11 836	11 814	11 945	12 164	12 128	12 262	12 640
	非金融企业存款	13 561	13 263	13 012	12 880	12 894	13 345	12 696	12 752	12 816	12 511	12 418	12 772
	各项存款余额比上月增加/亿元	10 73	-264	128	-301	66	370	-585	62	167	-517	20	559
	其中：住户存款	486	151	150	-52	73	273	-22	131	219	-35	133	378
	非金融企业存款	290	-297	-252	-131	14	451	-649	56	64	-305	-94	355
	各项存款同比增长/%	3.4	3.9	5.1	5.0	4.8	6.5	5.1	4.1	5.0	3.1	2.3	2.6
	其中：住户存款	17.4	15.8	16.4	17.8	17.0	17.6	17.6	17.7	17.7	17.5	16.9	17.6
	非金融企业存款	1.4	3.8	1.4	2.0	3.4	7.7	4.8	2.6	2.6	-0.6	-1.8	-3.7
	金融机构各项贷款余额/亿元	33 273	33 234	33 295	33 513	33 728	33 998	34 302	34 572	34 790	34 749	34 934	34 874
	其中：个人消费贷款	7 296	7 351	7 473	7 616	7 778	7 959	8 041	8 091	8 258	8 312	8 348	8 432
	票据融资	1 190	1 168	1 137	1 178	1 188	1 179	1 282	1 343	1 354	1 373	1 363	1 303
	各项贷款余额比上月增加/亿元	703.5	-39.0	60.8	218.1	215.1	269.7	304.6	270.1	217.5	-40.4	185.0	-60.2
	其中：个人消费贷款	195	55	121	143	162	181	82	50	167	54	36	85
	票据融资	67	-22	-31	41	10	-9	103	61	10	19	-10	-60
	金融机构各项贷款同比增长/%	8.9	8.4	7.7	7.5	7.7	8.1	8.8	9.4	9.3	8.5	8.0	7.2
	其中：个人消费贷款	25.6	25.4	26.5	28.0	29.6	31.1	30.6	29.5	29.7	24.3	21.0	19.2
	票据融资	64.7	66.7	74.6	72.1	58.9	39.3	30.9	27.8	22.7	36.2	32.5	16.0
外币	金融机构外币存款余额/亿美元	159	158	166	164	160	159	152	149	149	153	150	156
	金融机构外币存款同比增长/%	-12.9	-13.0	-12.5	-13.5	-13.3	-12.6	-10.5	-10.4	-8.4	-1.6	-2.6	-0.1
	金融机构外币贷款余额/亿美元	220	217	212	208	206	202	196	193	187	186	186	182
	金融机构外币贷款同比增长/%	-6.3	-9.7	-10.5	-12.7	-13.0	-15.9	-16.6	-16.0	-18.7	-19.2	-19.7	-19.3

资料来源：《天津市金融统计月报》。

表2　　　　　　　　2001—2019年天津市各类价格指数

单位：%

年份		居民消费价格指数		农业生产资料价格指数		工业生产者购进价格指数		工业生产者出厂价格指数	
		当月同比	累计同比	当月同比	累计同比	当月同比	累计同比	当月同比	累计同比
2001		—	1.2	—	—	—	−1.2	—	−4.1
2002		—	−0.4	—	—	—	−4.1	—	−4.1
2003		—	1.0	—	—	—	2.5	—	8.7
2004		—	2.3	—	—	—	15.4	—	4.1
2005		—	1.5	—	—	—	4.9	—	0.1
2006		—	1.5	—	—	—	4.7	—	0.6
2007		—	4.2	—	—	—	5.7	—	1.5
2008		—	5.4	—	—	—	12.9	—	4.1
2009		—	−1.0	—	—	—	−9.8	—	−7.5
2010		—	3.5	—	—	—	10.0	—	5.1
2011		—	4.9	—	—	—	9.8	—	3.8
2012		—	2.7	—	—	—	−3.0	—	−3.0
2013		—	3.1	—	—	—	−2.6	—	−3.0
2014		—	1.9	—	—	—	−2.9	—	−3.7
2015		—	1.7	—	—	—	−7.6	—	−9.7
2016		—	2.1	—	—	—	−1.7	—	−2.1
2017		—	2.1	—	—	—	11.1	—	8.4
2018		—	2.0	—	—	—	6.2	—	5.4
2019		—	2.7	—	—	—	−1.2	—	−0.7
2018	1	1.2	1.2	—	—	8.0	8.0	6.3	6.3
	2	2.5	1.9	—	—	6.9	7.5	4.8	5.5
	3	1.8	1.9	—	—	6.1	7.0	4.8	5.3
	4	1.5	1.8	—	—	6.0	6.8	5.9	5.4
	5	1.9	1.8	—	—	6.5	6.7	7.1	5.8
	6	1.9	1.8	—	—	7.8	6.9	8.1	6.2
	7	2.0	1.8	—	—	7.9	7.0	7.9	6.4
	8	2.2	1.9	—	—	7.0	7.0	6.1	6.4
	9	2.3	1.9	—	—	6.2	6.9	5.8	6.3
	10	2.2	2.0	—	—	5.7	6.8	5.6	6.2
	11	2.0	2.0	—	—	4.7	6.6	3.2	5.9
	12	1.8	2.0	—	—	1.7	6.2	−0.3	5.4

续表

年份		居民消费价格指数		农业生产资料价格指数		工业生产者购进价格指数		工业生产者出厂价格指数	
		当月同比	累计同比	当月同比	累计同比	当月同比	累计同比	当月同比	累计同比
2019	1	1.7	1.7	—	—	−0.1	−0.1	−1.2	−1.2
	2	1.8	1.7	—	—	−0.2	−0.1	0.2	−0.5
	3	2.4	1.9	—	—	0.1	0.0	1.1	0.0
	4	2.9	2.2	—	—	0.6	0.1	1.1	0.3
	5	2.3	2.2	—	—	0.9	0.3	0.5	0.3
	6	2.2	2.2	—	—	−0.5	0.2	−0.8	0.1
	7	2.3	2.2	—	—	−1.7	−0.1	−1.0	0.0
	8	2.4	2.2	—	—	−2.3	−0.4	−1.7	−0.2
	9	2.8	2.3	—	—	−3.1	−0.7	−2.4	−0.5
	10	3.3	2.4	—	—	−3.5	−1.0	−3.3	−0.8
	11	4.0	2.5	—	—	−3.7	−1.2	−1.8	−0.9
	12	4.1	2.7	—	—	−1.2	−1.2	1.3	−0.7

资料来源:《天津统计月报》。

表3　2019年天津市主要经济指标

项目	1月	2月	3月	4月	5月	6月	7月	8月	9月	10月	11月	12月
					绝对值（自年初累计）							
地区生产总值/亿元	—	—	5 198.6	—	—	10 371.2	—	—	15 256.4	—	—	14 104.3
第一产业	—	—	18.8	—	—	59.0	—	—	111.9	—	—	185.2
第二产业	—	—	2 283.5	—	—	4 500.0	—	—	5 941.5	—	—	4 969.2
第三产业	—	—	2 896.3	—	—	5 812.1	—	—	9 203.0	—	—	8 949.9
工业增加值/亿元	—	—	—	—	—	—	—	—	—	—	—	—
固定资产投资/亿元	—	—	—	—	—	—	—	—	—	—	—	—
房地产开发投资	—	—	—	—	—	—	—	—	—	—	—	—
社会消费品零售总额/亿元	—	892.6	1 342.9	1 792.2	2 249.0	2 714.0	3 156.9	3 600.1	4 067.0	4 487.3	4 956.7	5 516.1
外贸进出口总额/亿元	630.3	1 095.3	1 691.2	2 325.7	2 964.4	3 553.4	4 176.6	4 767.8	5 359.8	5 910.1	6 522.1	7 346.0
进口	382.2	668.9	1 015.9	1 396.8	1 776.5	2 123.0	2 495.4	2 833.9	3 187.6	3 513.3	3 887.8	4 328.2
出口	248.1	426.5	675.3	928.9	1 187.9	1 430.3	1 681.2	1 933.9	2 172.8	2 396.8	2 634.3	3 017.8
进出口差额（出口-进口）	-134.1	-242.4	-340.6	-467.8	-588.6	-692.7	-814.2	-900.0	-1014.2	-1 116.4	-1 253.5	-1 310.4
实际利用外资/亿美元	7.5	9.5	12.9	18.3	21.2	23.8	26.9	—	37.0	39.3	42.9	47.3
地方财政收支差额/亿元	24.2	45.3	-221.8	-211.5	-205.9	-461.1	-426.9	-488.0	-683.2	-684.2	-811.0	-1 098.5
地方财政收入	276.5	408.6	563.1	774.3	996.0	1 159.2	1 377.2	1 502.1	1 644.8	1 874.2	2 085.5	2 410.3
地方财政支出	252.3	363.3	785.0	985.8	1 201.9	1 620.3	1 804.1	1 990.1	2 328.1	2 558.4	2 896.5	3 508.7
城镇登记失业率（季度）/%	—	—	3.5	—	—	3.5	—	—	3.5	—	—	3.5

续表

项目	1月	2月	3月	4月	5月	6月	7月	8月	9月	10月	11月	12月
					同比累计增长率/%							
地区生产总值	—	—	4.5	—	—	4.6	—	—	4.6	—	—	4.8
第一产业	—	—	-6.8	—	—	-4.8	—	—	0.1	—	—	0.2
第二产业	—	—	4.4	—	—	3.4	—	—	2.4	—	—	3.2
第三产业	—	—	4.6	—	—	5.6	—	—	6.5	—	—	5.9
工业增加值	—	0.3	4.6	4.1	3.5	3.3	2.8	2.4	2.2	2.5	3.2	3.4
固定资产投资	—	24.5	26.1	24.0	17.8	17.4	15.1	15.1	15.4	13.1	13.5	13.9
房地产开发投资	—	27.4	27.4	24.6	22.2	19.1	19.0	19.3	19.5	16.1	15.2	12.5
社会消费品零售总额	—	-2.3	-2.6	-2.4	-2.0	-0.6	-1.0	-1.4	-1.4	-1.0	-0.6	-0.3
外贸进出口总额	-5.4	-4.7	-4.3	-2.6	-7.3	-7.4	-7.3	-8.2	-10.0	-11.0	-11.5	-9.1
进口	-2.8	1.5	-2.8	0.3	-2.7	-3.9	-4.7	-6.7	-9.5	-11.3	-12.0	-11.2
出口	-9.2	-13.0	-6.4	-6.7	-13.4	-12.2	-10.8	-10.3	-10.8	-10.7	-10.6	-5.9
实际利用外资	4.1	10.7	4.3	-7.0	4.1	4.9	3.3	—	4.4	3.5	3.4	3.0
地方财政收入	2.5	0.7	-2.7	-1.4	0.5	0.4	0.1	0.2	0.1	1.5	4.5	14.4
地方财政支出	101.0	-13.3	1.0	4.6	3.9	6.6	6.8	5.8	5.6	7.4	11.5	13.0

资料来源：《天津统计月报》《中国经济景气月报》。

附件2

金融科技（FinTech）发展规划
（2019—2021年）

目　录

前言 ··· 236

第一章　发展形势 ·· 237
　　第一节　重要意义 ·· 237
　　第二节　发展基础 ·· 238

第二章　总体要求 ·· 239
　　第一节　指导思想 ·· 239
　　第二节　基本原则 ·· 239
　　第三节　发展目标 ·· 240

第三章　重点任务 ·· 241
　　第一节　加强金融科技战略部署 ························· 241
　　第二节　强化金融科技合理应用 ························· 242
　　第三节　赋能金融服务提质增效 ························· 245
　　第四节　增强金融风险技防能力 ························· 247
　　第五节　加大金融审慎监管力度 ························· 249
　　第六节　夯实金融科技基础支撑 ························· 251

第四章　保障措施 ·· 253
　　第一节　加强组织统筹 ······································· 253
　　第二节　加大政策支持 ······································· 253
　　第三节　完善配套服务 ······································· 254
　　第四节　强化国际交流 ······································· 254
　　第五节　做好宣传贯彻 ······································· 254

前 言

金融是现代经济的核心,是实体经济的血脉。持牌金融机构在依法合规前提下发展金融科技,有利于提升金融服务质量和效率,优化金融发展方式,筑牢金融安全防线,进一步增强金融核心竞争力。为全面贯彻党中央、国务院决策部署,促进我国金融科技健康可持续发展,根据《中共中央办公厅 国务院办公厅关于加强金融服务民营企业的若干意见》、《国务院关于促进云计算创新发展培育信息产业新业态的意见》(国发〔2015〕5号)、《促进大数据发展行动纲要》(国发〔2015〕50号文印发)、《新一代人工智能发展规划》(国发〔2017〕35号文印发)、《国务院办公厅关于全面推进金融业综合统计工作的意见》(国办发〔2018〕18号)、《"十三五"现代金融体系规划》(银发〔2018〕114号文印发)、《关于进一步深化小微企业金融服务的意见》(银发〔2018〕162号文)等文件,特编制本规划,明确2019年至2021年我国金融科技发展的指导思想、基本原则、发展目标、重点任务和保障措施。

第一章 发展形势

第一节 重要意义

金融科技是技术驱动的金融创新[①],旨在运用现代科技成果改造或创新金融产品、经营模式、业务流程等,推动金融发展提质增效。在新一轮科技革命和产业变革的背景下,金融科技蓬勃发展,人工智能、大数据、云计算、物联网等信息技术与金融业务深度融合,为金融发展提供源源不断的创新活力。坚持创新驱动发展,加快金融科技战略部署与安全应用,已成为深化金融供给侧结构性改革、增强金融服务实体经济能力、打好防范化解金融风险攻坚战的内在需要和重要选择。

金融科技成为推动金融转型升级的新引擎。金融科技的核心是利用现代科技成果优化或创新金融产品、经营模式和业务流程。借助机器学习、数据挖掘、智能合约等技术,金融科技能简化供需双方交易环节,降低资金融通边际成本,开辟触达客户全新途径,推动金融机构在盈利模式、业务形态、资产负债、信贷关系、渠道拓展等方面持续优化,不断增强核心竞争力,为金融业转型升级持续赋能。

金融科技成为金融服务实体经济的新途径。发展金融科技能够快速捕捉数字经济时代市场需求变化,有效增加和完善金融产品供给,助力供给侧结构性改革。运用先进科技手段对企业经营运行数据进行建模分析,实时监测资金流、信息流和物流,为资源合理配置提供科学依据,引导资金从高污染、高能耗的产能过剩产业流向高科技、高附加值的新兴产业,推动实体经济健康可持续发展。

[①] 该定义由金融稳定理事会(FSB)于2016年提出,目前已成为全球共识。

金融科技成为促进普惠金融发展的新机遇。通过金融科技不断缩小数字鸿沟，解决普惠金融发展面临的成本较高、收益不足、效率和安全难以兼顾等问题，助力金融机构降低服务门槛和成本，将金融服务融入民生应用场景。运用金融科技手段实现滴灌式精准扶持，缓解小微企业融资难融资贵、金融支农力度需要加大等问题，为打赢精准脱贫攻坚战、实施乡村振兴战略和区域协调发展战略提供金融支持。

金融科技成为防范化解金融风险的新利器。运用大数据、人工智能等技术建立金融风控模型，有效甄别高风险交易，智能感知异常交易，实现风险早识别、早预警、早处置，提升金融风险技防能力。运用数字化监管协议、智能风控平台等监管科技手段，推动金融监管模式由事后监管向事前、事中监管转变，有效解决信息不对称问题，消除信息壁垒，缓解监管时滞，提升金融监管效率。

第二节　发展基础

我国信息技术在金融领域应用起步于20世纪80年代，先后经历了金融业务电子化阶段、金融渠道网络化阶段，目前正迎来金融科技发展浪潮，信息技术逐步由支撑业务向引领业务方向发展，金融与科技深度融合已成为新趋势。近年来，我国先后出台《促进大数据发展行动纲要》《新一代人工智能发展规划》等政策文件，陆续发布云计算、声纹识别等新技术金融应用规范，为金融科技发展创造了良好政策环境。经过多年持续积累，金融科技产业发展取得长足进步，部分领域关键核心技术的研发应用实现重要突破，重点细分领域市场规模成倍增长，用户渗透率快速提升。金融机构利用人工智能、大数据、云计算、物联网等科技手段创新金融产品、改变经营方式、优化业务流程，金融数据价值更加凸显，金融产品服务向着智能化、精细化、多元化、场景化方向大步迈进，金融科技已成为践行普惠金融、发展数字经济的新动力。

虽然我国在金融科技方面已具备一定基础，但也要清醒地看到，金融科技的快速发展促使金融业务边界逐渐模糊，金融风险传导突破时空限制，给货币政策、金融市场、金融稳定、金融监管等方面带来新挑战。我国金融科技发展不平衡不充分的问题依然存在，顶层设计和统筹规划有所缺乏，各类市场主体在科技能力、创新动力、人才队伍、体制机制等方面相对失衡；产业基础比较薄弱，尚未形成具有国际影响力的生态体系，缺乏系统的超前研发布局；适应金融科技发展的基础设施、政策法规、标准体系等亟待健全。

第二章　总体要求

第一节　指导思想

以习近平新时代中国特色社会主义思想为指导，全面贯彻党的十九大精神，按照全国金融工作会议要求，坚持新发展理念，坚持稳中求进工作总基调，遵循金融发展规律，深化金融供给侧结构性改革，平衡好安全与发展的关系，协同好金融与科技的关系，兼顾好继承与创新的关系，协调好包容与审慎的关系，统筹好监管与服务的关系，趋利避害，充分发挥科技赋能作用，增强金融服务实体经济能力，坚决守住不发生系统性金融风险底线，为服务实体经济、防控金融风险、深化金融改革提供支撑，推动我国金融业高质量发展。

第二节　基本原则

——守正创新。正确把握金融科技的核心和本质，忠实履行金融的天职和使命，以服务实体经济为宗旨，在遵照法律法规和监管政策前提下，借助现代科技手段提升金融服务效能和管理水平，将科技应用能力内化为金融竞争力，确保金融科技应用不偏离正确方向，使创新成果更具生命力。

——安全可控。牢固树立安全发展理念，把安全作为金融科技创新不可逾越的红线，以创新促发展，以安全保发展，借助现代科技成果提升金融风险防控和金融监管效能，完善金融安全防线和风险应急处置机制，提高金融体系抵御风险能力，守住不发生系统性金融风险的底线。

——普惠民生。立足广大人民群众美好生活需要，聚焦优化金融服务模式和丰富金融产品供给，充分发挥科技成果在拓展服务渠道、扩大服务覆盖面等方面的作用，推动金融服务"无处不在、无微不至"，为市场主体和人民群众提供更便捷、更普惠、更优质的金融产品与服务。

——开放共赢。以促进金融开放为基调，深化金融科技对外合作，加强跨地区、跨部门、跨层级数据资源融合应用，推动金融与民生服务系统互联互通，将金融服务无缝融入实体经济各领域，打破服务门槛和壁垒，拓宽生态边界，形成特色鲜明、布局合理、包容开放、互利共赢的发展格局。

第三节　发展目标

到2021年，建立健全我国金融科技发展的"四梁八柱"，进一步增强金融业科技应用能力，实现金融与科技深度融合、协调发展，明显增强人民群众对数字化、网络化、智能化金融产品和服务的满意度，使我国金融科技发展居于国际领先水平。

——金融科技应用先进可控。金融与行业数据规范融合应用水平大幅提升，金融创新活力不断激发，安全、可控、先进、高效的金融科技应用体系全面建成。

——金融服务能力稳步增强。金融服务覆盖面逐步扩大，优质金融产品供给不断丰富，金融业务质效显著提升，金融服务民营企业、小微企业等实体经济水平取得新突破。

——金融风控水平明显提高。金融安全管理制度基本形成，金融风险技防能力大幅提高，金融风险防范长效机制逐步健全，金融风险管控水平再上新台阶。

——金融监管效能持续提升。金融科技监管基本规则体系逐步完善，金融科技创新产品全生命周期管理机制基本形成，金融监管效能和金融机构合规水平持续提升。

——金融科技支撑不断完善。金融科技法律和标准体系日益健全，消费者金融素养显著提升，与金融科技发展相适应的基础设施逐步健全。

——金融科技产业繁荣发展。培育一批具有国际知名度和影响力的金融科技市场主体，社会组织和专业服务机构对金融科技发展支撑作用不断强化，开放、合作、共赢的金融科技产业生态体系基本形成。

第三章 重点任务

第一节 加强金融科技战略部署

从长远视角加强顶层设计，把握金融科技发展态势，强化统筹规划、体制机制、人才队伍建设等方面的战略部署，为金融科技发展提供保障。

（一）加强统筹规划。深刻认识发展金融科技的紧迫性、必要性和重要性，深入贯彻新发展理念，明确发展方向、转变发展方式、制定发展战略，结合市场需求及自身禀赋谋求差异化、特色化发展。从战略全局高度谋划，加强顶层设计与总体规划，加快在运营模式、产品服务、风险管控等方面的改革步伐，制定金融科技应用的时间表和路线图，加大科技投入力度，重塑业务价值链，补齐传统金融短板，巩固和扩大竞争优势，打造新的增长点。金融机构要在年报及其他正式渠道中真实、准确、完整地披露用于创新性研究与应用的科技投入情况。

（二）优化体制机制。着力解决利用金融科技实现转型升级过程中的体制机制问题，积极稳妥推进治理结构、管理模式、组织方式的调整优化，理顺职责关系，打破部门间壁垒，突破部门利益固化樊篱，提高跨条线、跨部门协同协作能力，加快制订组织架构重塑计划，依法合规探索设立金融科技子公司等创新模式，切实发挥科技引领驱动作用，构建系统完备、科学规范、运行有效的制度体系。加强管理制度创新，推动内部孵化与外部合作并举，增强组织与管理的灵活性、适应性，提升对市场需求的反应速度和能力，探索优化有利于科技成果应用、产品服务创新的轻型化、敏捷化组织架构，加强金融与科技产业对接，集中内外部优势资源，提升新技术自主掌控能力，更好地促进金融科技转化为现实生产力。

（三）加强人才队伍建设。围绕金融科技发展战略规划与实际需要，研究制定人才需求目录、团队建设规划、人才激励保障政策等，合理增加金融科技人员占比。金融机构要在年报及其他正式渠道中真实、准确、完整地披露科技人员数量与占比。建立健全与金融市场相适应、有利于吸引和留住人才、激励和发展人才的薪酬和考核制度，激发人才创新创造活力。拓宽人才引进渠道，通过社会招聘吸纳成熟人才，通过校园招聘构建后备力量，通过顾问、特聘等形式引进行业尖端智慧。制订金融科技人才培养计划，深化校企合作，注重从业人员科技创新意识与创新能力培养，造就既懂金融又懂科技的专业人才，优化金融业人员结构，为金融科技发展提供智力支持。

第二节　强化金融科技合理应用

以重点突破带动全局，规范关键共性技术的选型、能力建设、应用场景和安全管控，探索新兴技术在金融领域安全应用，加快扭转关键核心技术和产品受制于人的局面，全面提升金融科技应用水平，将金融科技打造成为金融高质量发展的"新引擎"。

（四）科学规划运用大数据。加强大数据战略规划和统筹部署，加快完善数据治理机制，推广数据管理能力的国家标准，明确内部数据管理职责，突破部门障碍，促进跨部门信息规范共享，形成统一数据字典，再造数据使用流程，建立健全企业级大数据平台，进一步提升数据洞察能力和基于场景的数据挖掘能力，充分释放大数据作为基础性战略资源的核心价值。打通金融业数据融合应用通道，破除不同金融业态的数据壁垒，化解信息孤岛，制定数据融合应用标准规范，发挥金融大数据的集聚和增值作用，推动形成金融业数据融合应用新格局，助推全国一体化大数据中心体系建设。在切实保障个人隐私、商业秘密与敏感数据前提下，强化金融与司法、社保、工商、税务、海关、电力、电信等行业的数据资源融合应用，加快推进服务系统互联互通，建立健全跨地区、跨部门、跨层级的数据融合应用机制，实现数据资源有效整合与深度利用。

（五）合理布局云计算。统筹规划云计算在金融领域的应用，引导金融机构探索与互联网交易特征相适应、与金融信息安全要求相匹配的云计算解决方案，搭建安全可控的金融行业云服务平台，构建集中式与分布式协调发展的信息基础设施架构，力争云计算服务能力达到国际先进水平。加快云计算金融应用规范落地实施，充分发挥云计算在资源整合、弹性伸缩等方面的优势，探索利用分布式计算、分布式存储等技术实现根据业务需求自动配置资源、快速部署应用，更好地适应互联网渠道交易瞬时高并发、多频次、大流量的新型金融业务特征，提升金融服务质量。强化云计算安全技术研究与应用，加强服务外包风险管控，防范云计算环境下的金融风险，确保金融领域云服务安全可控。

（六）稳步应用人工智能。深入把握新一代人工智能发展的特点，统筹优化数据资源、算法模型、算力支持等人工智能核心资产,稳妥推动人工智能技术与金融业务深度融合。根据不同场景的业务特征创新智能金融产品与服务,探索相对成熟的人工智能技术在资产管理、授信融资、客户服务、精准营销、身份识别、风险防控等领域的应用路径和方法,构建全流程智能金融服务模式,推动金融服务向主动化、个性化、智慧化发展,助力构建数据驱动、人机协同、跨界融合、共创分享的智能经济形态。加强金融领域人工智能应用潜在风险研判和防范,完善人工智能金融应用的政策评估、风险防控、应急处置等配套措施,健全人工智能金融应用安全监测预警机制,研究制定人工智能金融应用监管规则,强化智能化金融工具安全认证,确保把人工智能金融应用规制在安全可控范围内。围绕运用人工智能开展金融业务的复杂性、风险性、不确定性等特点,研究提出基础性、前瞻性管理要求,整合多学科力量加强人工智能金融应用相关法律、伦理、社会问题研究,推动建立人工智能金融应用法律法规、伦理规范和政策体系。

（七）加强分布式数据库研发应用。做好分布式数据库金融应用的长期规划,加大研发与应用投入力度,妥善解决分布式数据库产品在数据一致性、实际场景验证、迁移保障规范、新型运维体系等方面的问题。探索产用联合新模式,发挥科技公司的技术与创新能力,共同研发新产品、发展新产业、凝聚新动能。有计划、分步骤地稳妥推动分布式数据库产品先行先试,形成可借鉴、能推广的典型案例和解决方案,为分布式数据库在金融领域的全面应用探明路径。建立健全产学结合、校企协同的人才培养机制,持续加强分布式数据库领域底层和前沿技术研究,制定分布式数据库金融应用标准规范,从技术架构、安全防护、灾难恢复等方面明确管理要求,确保分布式数据库在金融领域稳妥应用。

（八）健全网络身份认证体系。构建适应互联网时代的移动终端可信环境,充分利用可信计算、安全多方计算、密码算法、生物识别等信息技术,建立健全兼顾安全与便捷的多元化身份认证体系，不断丰富金融交易验证手段，保障移动互联环境下金融交易安全，提升金融服务的可得性、满意度与安全水平。综合运用数字签名技术、共识机制等手段，强化金融交易报文规范管理，保障金融交易过程的可追溯和不可抵赖，提升金融交易信息的真实性、保密性和完整性。积极探索新兴技术在优化金融交易可信环境方面的应用，稳妥推进分布式账本等技术验证试点和研发运用。

第三节　赋能金融服务提质增效

合理运用金融科技手段丰富服务渠道、完善产品供给、降低服务成本、优化融资服务，提升金融服务质量与效率，使金融科技创新成果更好地惠及百姓民生，推动实体经济健康可持续发展。

（九）拓宽金融服务渠道。充分运用信息技术与互联网资源做强线上服务，丰富完善金融产品和业务模式，为客户提供全方位、多层次的线上金融服务。进一步发挥线下资源优势，构筑线上线下一体化的经营发展模式，加快制定线上线下渠道布局规划和全渠道服务实施方案，实现电子渠道与实体网点、自助设备等的信息共享和服务整合，增强交叉营销、跨渠道服务水平，解决线上线下发展不平衡不充分的问题。借助应用程序编程接口（API）、软件开发工具包（SDK）等手段深化跨界合作，在依法合规前提下将金融业务整合解构和模块封装，支持合作方在不同应用场景中自行组合与应用，借助各行业优质渠道资源打造新型商业范式，实现资源最大化利用，构建开放、合作、共赢的金融服务生态体系。

（十）完善金融产品供给。强化需求引领作用，主动适应数字经济环境下市场需求的快速变化，在保障客户信息安全的前提下，利用大数据、物联网等技术分析客户金融需求，借助机器学习、生物识别、自然语言处理等新一代人工智能技术，提升金融多媒体数据处理与理解能力，打造"看懂文字""听懂语言"的智能金融产品与服务。结合客户个性化需求和差异化风险偏好，构建以产品为中心的金融科技设计研发体系，探索运用敏捷开发、灰度发布、开发运维一体化等方法提升创新研发质量与效率，打造差异化、场景化、智能化的金融服务产品。加强客户服务持续跟踪，借助互联网等渠道改进营销策略、改善用户体验、提升营销效果，提高产品易用性与获客留客能力。

（十一）提升金融服务效率。积极利用移动互联网、人工智能、大数据、影像识别等技术推动传统实体网点向营销型、体验型智慧网点转变，优化改进网点布局和服务流程，缩减业务办理时间，提升网点营业效率。探索基于跨行业数据资源开展多渠道身份核验，提升金融服务客户识别效率。探索轻型化金融服务模式，打造对内聚合产品与服务、对外连接合作机构与客户的综合性金融与民生服务平台，发挥客户集聚效应，降低金融服务边际成本，提升金融服务与社会公共服务效率。利用云计算等技术实现资源高度复用、灵活调度和有效供给，探索构建跨层级、跨区域的自动化、智能化业务处理中心，提升金融服务运营效率。

（十二）增强金融惠民服务能力。强化金融服务意识，下沉经营重心，加大对零售客户的服务力度，使金融科技发展成果更多地惠及民生。依托电信基础设施，发挥移动互联网泛在优势，面向"三农"和偏远地区尤其是深度贫困地区提供安全、便捷、高效的特色化金融科技服务，延伸金融服务辐射半径，突破金融服务"最后一公里"制约，推动数字普惠金融发展。积极探索金融惠民创新服务模式，借助移动金融、情景感知等手段将金融服务深度融入民生领域，进一步拓展金融服务在衣食住行、医疗教育、电子商务等方面的应用场景，实现主要民生领域的金融便捷服务广覆盖，提升社会保障、诊疗、公用事业缴费等公共服务便利化水平。

（十三）优化企业信贷融资服务。加大金融科技产品服务创新力度，加强人工智能、移动互联网、大数据、云计算等科技成果运用，加快完善小微企业、民营企业、科创企业等重点领域的信贷流程和信用评价模型，引导企业征信机构利用替代数据评估企业信用状况，降低运营管理成本，提高贷款发放效率和服务便利度，纾解企业融资难融资贵的困局，促进经济转型升级和新旧动能转换。基于海量数据处理和智能审计等技术，综合分析企业类型、财务状况、偿债能力等，降低信息不对称，加强风险侦测和预警，及时调整融资主体信用评级，防止资金流向经营状况差、清偿难度大的高风险企业，为解决脱实向虚、资金空转等问题提供决策支持。加强供应链大数据分析应用，确保借贷资金基于真实交易，通过跨界融合、搭建供应链金融服务平台、建立产业链生态等，为供应链上下游企业提供高效便捷的融资渠道，解决供应链资金配置失衡等问题，合理引导金融资源配置到经济社会发展的关键领域和薄弱环节。

（十四）加大科技赋能支付服务力度。利用人工智能、支付标记化、云计算、大数据等技术优化移动支付技术架构体系，实现账户统一标记、手机客户端软件（App）规范接口、交易集中路由。推动条码支付互联互通，研究制定条码支付互联互通技术标准，统一条码支付编码规则、构建条码支付互联互通技术体系，打通条码支付服务壁垒，实现不同App和商户条码标识互认互扫。探索人脸识别线下支付安全应用，借助密码识别、隐私计算、数据标签、模式识别等技术，利用专用口令、"无感"活体检测等实现交易验证，突破1:N人脸辨识支付应用性能瓶颈，由持牌金融机构构建以人脸特征为路由标识的转接清算模式，实现支付工具安全与便捷的统一。

第四节　增强金融风险技防能力

正确处理安全与发展的关系，运用金融科技提升跨市场、跨业态、跨区域金融风险的识别、预警和处置能力，加强网络安全风险管控和金融信息保护，做好新技术应用风险防范，坚决守住不发生系统性金融风险的底线。

（十五）提升金融业务风险防范能力。完善金融业务风险防控体系，运用数据挖掘、机器学习等技术优化风险防控数据指标、分析模型，精准刻画客户风险特征，有效甄别高风险交易，提高金融业务风险识别和处置的准确性。健全风险监测预警和早期干预机制，合理构建动态风险计量评分体系、制定分级分类风控规则，将智能风控嵌入业务流程，实现可疑交易自动化拦截与风险应急处置，提升风险防控的及时性。组织建设统一的金融风险监控平台，引导金融机构加强金融领域App与门户网站实名制和安全管理，增强网上银行、手机银行、直销银行等业务系统的安全监测防护水平，提升对仿冒App、钓鱼网站的识别处置能力。构建跨行业、跨部门的风险联防联控机制，加强风险信息披露和共享，加大联合惩戒力度，防止风险交叉传染，实现风险早识别、早预警、早处置，提升金融风险整体防控水平。

（十六）加强金融网络安全风险管控。严格落实《中华人民共和国网络安全法》等国家网络安全法律法规及相关制度标准，持续加大网络安全管理力度，健全全流程、全链条的网络安全技术防护体系，加快制定并组织实施金融业关键软硬信息基础设施安全规划，增强与网信、公安、工信等部门的协调联动，切实提高金融业关键软硬件信息基础设施安全保障能力。完善网络安全技术体系建设，健全金融网络安全应急管理体系，优化金融业灾难备份系统布局，提升金融业信息系统业务连续性。加强网络安全态势感知，动态监测分析网络流量和网络实体行为，绘制金融网络安全整体态势图，准确把握网络威胁的规律和趋势，实现风险全局感知和预判预警，提升重大网络威胁、重大灾害和突发事件的应对能力。加强顶层设计和统筹协调，建设跨业态、统一的金融网络安全态势感知平台，支撑金融业网络攻击溯源和精确应对，提升重大网络攻击的全面掌控和联合处置能力。

（十七）加大金融信息保护力度。建立金融信息安全风险防控长效机制，研究制定金融信息全生命周期管理制度和标准规范，定期组织对易发生金融信息泄露的环节进行排查，保障身份、财产、账户、信用、交易等数据资产安全。加强金融信息安全防护，遵循合法、合理原则，选择符合国家及金融行业标准的安全控件、终端设备、App等产品进行金融信息采集和处理，利用通道加密、双向认证等技术保障金融信息传输的安全性，运用加密存储、信息摘要等手段保证重要金融信息机密性与完整性，通过身份认证、日志完整性保护等措施确保金融信息使用过程有授权、有记录，防范金融信息集中泄露风险。强化金融信息保护内部控制管理，健全金融信息安全管理制度，明确相关岗位和人员的管理责任，定期开展金融信息安全内部审计与外部安全评估，防止金融信息泄露和滥用。

（十八）做好新技术金融应用风险防范。正确把握金融科技创新与安全的关系，加强新技术基础性、前瞻性研究，在安全合规的前提下，合理应用新技术赋能金融产品与服务创新。综合实际业务场景、交易规模等深入研判新技术的适用性、安全性和供应链稳定性，科学选择应用相对成熟可控、稳定高效的技术。充分评估新技术与业务融合的潜在风险，建立健全试错容错机制，完善风险拨备资金、保险计划、应急处置等风险补偿措施，在风险可控范围内开展新技术试点验证，做好用户反馈与舆情信息收集，不断提升金融产品安全与质量水平。强化新技术应用保障机制，明确新技术应用的运行监控和风险应急处置策略，防范新技术自身风险与应用风险。

第五节　加大金融审慎监管力度

加强金融科技审慎监管，建立健全监管基本规则体系，加大监管基本规则拟订、监测分析和评估工作力度，运用现代科技手段适时动态监管线上线下、国际国内的资金流向流量，探索金融科技创新管理机制，服务金融业综合统计，增强金融监管的专业性、统一性和穿透性。

（十九）建立金融科技监管基本规则体系。充分借鉴国际先进经验，系统梳理现行监管规则，结合我国金融科技发展现状和趋势，加强金融科技监管顶层设计，围绕基础通用、技术应用、安全风控等方面，逐步建成纲目并举、完整严密、互为支撑的金融科技监管基本规则体系。针对不同业务、不同技术、不同机构的共性特点，明确金融科技创新应用应遵循的基础性、通用性、普适性监管要求，划定金融科技产品和服务的门槛和底线。针对专项技术的本质特征和风险特性，提出专业性、针对性的监管要求，制定差异化的金融监管措施，提升监管精细度和匹配度。针对金融科技创新应用在信息保护、交易安全、业务连续性等方面的共性风险，从敏感信息全生命周期管理、安全可控身份认证、金融交易智能风控等通用安全要求入手，明确不可逾越的安全红线。

（二十）加强监管协调性。建立健全金融协调性监管框架，充分发挥金融业综合统计对货币政策和宏观审慎政策双支柱调控框架的支撑作用，在国家金融基础数据库框架内搭建金融机构资产管理产品报告平台，将金融科技新产品纳入金融业综合统计体系，通过统计信息标准化、数据挖掘算法嵌入、数据多维提取、核心指标可视化呈现等手段，助力"统一、全面、共享"的金融业综合统计体系建设，覆盖所有金融机构、金融基础设施和金融活动，确保统计信息的完整性和权威性。

（二十一）提升穿透式监管能力。加强监管科技应用，建立健全数字化监管规则库，研究制定风险管理模型，完善监管数据采集机制，通过系统嵌入、API等手段，实时获取风险信息、自动抓取业务特征数据，保证监管信息的真实性和时效性。综合全流程监管信息建立监测分析模型，把资金来源、中间环节与最终投向穿透连接起来，透过金融创新表象全方位、自动化分析金融业务本质和法律关系，精准识别、防范和化解金融风险，强化监管渗透的深度和广度。引导金融机构积极配合实施穿透式监管，通过系统接口准确上送经营数据，合理应用信息技术加强合规风险监测，提升智能化、自动化合规能力和水平，持续有效满足金融监管要求。

（二十二）建立健全创新管理机制。加强金融科技创新产品规范管理，出台基础性、通用性监管要求，明确不可逾越的监管红线和底线，运用信息公开、产品公示、公众参与、共同监督的柔性监管方式，划定金融科技守正创新边界，使金融科技创新有章可循、有规可依，确保金融科技产品业务合规、技术安全、风险可控。事前抓好源头管控，落实主体责任，强化内部管控和外部评估，严把金融科技创新产品入口关。事中加强协同共治，以金融科技创新产品声明管理为抓手，充分调动社会各方积极性，扩大参与度，构建行业监管、社会监督、协会自律、机构自治的多位一体治理体系，共同打造全社会协同共治的治理格局，及时发现金融科技创新产品风险隐患，杜绝存在安全隐患的产品"带病上线"，筑牢金融科技创新安全防火墙。事后强化监督惩戒，畅通投诉举报渠道，建立联合惩戒机制，加强违规惩戒，确保创新产品不突破监管要求和法律法规，不引发系统性金融风险。

第六节 夯实金融科技基础支撑

持续完善金融科技产业生态，优化产业治理体系，从技术攻关、法规建设、信用服务、标准规范、消费者保护等方面有力支撑金融科技健康有序发展。

（二十三）加强金融科技联合攻关。合理布局金融科技产业生态，促进产学研用协同联动、形成合力。聚焦重大科学前沿问题和基础理论瓶颈，开展前瞻性、基础性研究，支持高校和科研院所研究建立金融科技相关学科体系，推动经济金融、计算机科学、数理科学等多学科交叉融合，把握金融科技发展深层规律，夯实金融科技应用理论基础。针对金融科技发展面临的共性技术难题，推动产业部门加大支持力度,鼓励科技企业加强研究攻关,为金融科技发展与应用提供技术支撑。通过孵化平台、专项合作、试点推广等手段,促进技术成果及时转化和共享,提升我国金融科技产业链整体竞争力。

(二十四)推动强化法律法规建设。针对现代科技成果金融应用新特点,推动健全符合我国国情的金融法治体系,研究调整完善不适应金融科技发展要求的现行法律法规及政策规定,推动出台金融业新技术应用的相关法律法规,在条件成熟时将原有立法层次较低的部门规章等及时上升为法律法规。厘清法律边界,明确金融监管部门的职能和金融机构的权利、义务,破除信息共享等方面的政策壁垒,营造公平规范市场环境,为金融与科技融合发展提供法治保障。

(二十五)增强信用服务支撑作用。完善金融信用信息基础数据库,引导市场化征信机构依法合规开展征信业务,扩大征信覆盖范围,打造具有较高公信力和较大影响力的信用评级机构,满足社会多层次、全方位和专业化的征信需求,促进信用信息共享与应用。加强信用信息主体权益保护,防范信用信息泄露风险,完善信用信息主体的异议、投诉及责任处理机制,切实保障个人信用信息安全,提升征信市场有效供给和征信服务水平。

(二十六)推进标准化工作。针对金融科技发展新情况、新趋势,完善金融科技标准体系,培育满足市场和创新需要的国家及金融行业标准,加强标准间协调,从基础通用、产品服务、运营管理、信息技术和行业管理等方面规范引导金融创新。加快制定完善人工智能、大数据、云计算等在金融业应用的技术与安全规范。针对金融业信息技术应用建立健全国家统一推行的认证机制,进一步加强金融科技创新产品的安全管理,促进金融标准的实施落地,有效提升金融服务质量与安全水平。持续推进金融业信息技术创新应用标准的国际化,积极参与国际标准制定,推动国内优秀标准转换为国际标准,促进我国金融科技创新全球化发展。

（二十七）强化金融消费者权益保护。建立健全适应金融科技发展的消费者权益保护机制，规范和引导金融机构提供金融科技产品与服务，依法加强监督检查，及时查处侵害金融消费者合法权益的行为，维护金融科技市场有序运行。引导金融机构将保护金融消费者合法权益纳入公司治理、企业文化建设和经营发展战略中统筹规划，建立完善重大突发事件应急处置机制，认真落实投资者适当性制度，制定先行赔付、保险补偿等保护金融消费者合法权益的具体措施。督促和指导金融机构切实履行金融消费者投诉处理主体责任，完善投诉处理程序，提升投诉处理质量与效率，接受社会监督，切实保护金融消费者合法权益。

第四章　保障措施

第一节　加强组织统筹

金融科技发展规划是关系我国金融业高质量发展的前瞻谋划，必须高度重视，加强组织领导，结合实际、科学谋划、统筹协调，以钉钉子的精神切实抓好落实，一张蓝图干到底。根据职能定位和任务分工研究制定具体实施办法、完善配套政策措施、健全正向激励机制，提高相关单位推进金融科技发展的积极性，形成金融管理部门、金融机构、产业部门、社会团体等密切配合、协同推进的工作格局，确保各项措施和要求落实到位。

第二节　加大政策支持

加大中央、地方预算内资金投入力度，发挥国家科技计划（专项、基金等）作用，重点支持金融科技领域基础、共性和关键技术研发以及重大应用试点示范、公共服务平台建设等。探索引导性资金支持方式，对需求明确的金融科技创新活动，发挥好市场配置资源的决定性作用、金融机构的创新主体作用和财政资金的杠杆作用。落实国家支持科技创新与应用的税收政策,降低金融科技创新的税收负担。

第三节 完善配套服务

充分发挥各地区资源、技术、人才、环境等优势,加大金融科技相关配套服务支持力度,全面做好软硬件方面的统筹布局。加大金融科技载体建设力度,科学设立产业园区、孵化器、加速器、特色小镇、众创空间等金融科技示范区,集中承载金融科技业态,激发金融机构、科技公司等的内生发展动力。探索金融资源与科技资源对接的新机制,发展法律咨询、知识产权、风险投资、股权融资、创业孵化、市场推广等专业服务,构建全链条、全方位的金融科技产业生态。

第四节 强化国际交流

坚持金融业改革开放,进一步深化与其他国家、地区、国际组织的紧密联系与沟通,在人才、技术、标准、知识产权等方面加强多形式、多层次、多领域的平等磋商与务实合作,完善金融科技全球治理体系,推动建立有利于金融科技发展的国际新规则,实现互惠共赢、共同发展。结合共建"一带一路"倡议,积极对外输出我国金融科技发展催生的技术、标准、产品和服务等,探索双边、多边的示范性项目合作,不断提升我国金融业利用信息技术的能力和水平。

第五节 做好宣传贯彻

主动做好政策解读,推进相关政策措施公开透明,正面引导社会舆情,确保政策准确传导并有效实施。金融机构、行业自律组织等要积极运用多种形式广泛开展宣传工作,普及金融科技应用与发展相关知识,提升消费者金融素养,培养消费者现代金融理念,增强消费者风险防范能力,为发展规划的实施创造良好的社会环境和舆论氛围。